edition suhrkamp 2863

Autoritäre Populisten trumpfen auf. Desinformation und Fake News grassieren. Und der Journalismus, der dem wehren sollte? Er kommt aus der Krise nicht heraus. Es gibt zwar mehr Medien, aber immer weniger Mittel für den Journalismus. Verlage wollen ihre Einbußen wettmachen, indem sie noch mehr Soft-Themen und laute Meinungen bringen. Doch diese »Boulevardigitalisierung« nützt just den Populisten, die sich derselben Stilmittel bedienen: Zuspitzung, Skandalisierung, Aufregung.

Roger de Weck liebt Journalismus als Beruf. Er kennt ihn in allen Facetten – als Zeitungsmacher und Rundfunkchef, Reporter und Moderator. Und er macht sich Sorgen, weil die Gesetze des Medienbetriebs und die des Journalismus immer weiter auseinanderlaufen. Dagegen setzt de Weck auf das »Prinzip Trotzdem«: Recherchieren, abwägen, sich treu bleiben – trotz Sparmaßnahmen, trotz X & Co. Doch wie geht das? Der Autor zeigt, wie sich Journalismus stärken lässt. Denn ohne diesen wertvollen Spielverderber läuft das Spiel nicht in der Demokratie.

Roger de Weck, geboren 1953, war *Zeit*-Chefredakteur, Generaldirektor des Schweizer Radios und Fernsehens, Mitglied des Zukunftsrats für Reformen bei ARD, ZDF und Deutschlandfunk. Im Suhrkamp Verlag erschien zuletzt *Die Kraft der Demokratie*, das mit dem Bruno-Kreisky-Preis für das Politische Buch 2020 ausgezeichnet wurde.

Roger de Weck

Das Prinzip Trotzdem

Warum wir den Journalismus vor den Medien retten müssen

Suhrkamp

Klimaneutral
Druckprodukt
ClimatePartner.com/14438-2110-1001

Erste Auflage 2024
edition suhrkamp 2863
Originalausgabe

Umschlaggestaltung nach einem Konzept von Willy Fleckhaus: Rolf Staudt
Satz: Satz-Offizin Hümmer GmbH, Waldbüttelbrunn
Druck: C.H. Beck, Nördlingen
Printed in Germany
ISBN 978-3-518-12863-3

www.suhrkamp.de

Inhalt

Für Claudia

Einleitung
Die Kunst heute ist, Journalismus zu machen trotz der Medien

Journalismus ärgert. Der gute Journalismus erbost diejenigen, die er treffsicher kritisiert. Der schlechte Journalismus ist sowieso eine Plage. Am schlimmsten aber ist die Absenz von Journalismus. Demokratisch gesinnte Menschen vermissen ihn schmerzlich in Diktaturen, die keine unabhängige Presse dulden. Und vielerorts im Westen verabschiedet sich der Journalismus vom Journalismus: von seinem Berufsethos und Berufsstolz, von seiner Herkunft als Kind der Aufklärung, von seinem Dienst an der *res publica* – just zu dem Zeitpunkt, da Desinformationen grassieren und autoritäre Populisten die Demokratie bedrängen. Der Journalismus findet nicht aus seiner Krise, warum?

Es gibt immer mehr Medien, aber immer weniger Mittel für den Journalismus. Online-Märkte, Google, Facebook und andere digitale Plattformen vereinnahmen die Werbung, die einst den Journalismus finanzierte. Zahlreiche Presseverlage wollen ihren Niedergang aufhalten, indem sie das Angebot graduell boulevardisieren, viele Soft-Themen und laute Meinungen bringen. Um Digital-Abonnements und Klicks zu erzielen, tun sie fast alles. Und solche »Boulevardigitalisierung«

nützt den Populisten, die sich derselben Stilmittel bedienen, Aufregung und Zuspitzung.

Taktgeber sind die sozialen Medien. Viele journalistische Medien ahmen sie nach, statt sich zu unterscheiden. Ähnlich wie Posts auf Instagram sind zahllose Artikel und Videos auf dem Egotrip. Ich-Journalismus ist angesagt, und oft nimmt dieses Ich mehr Platz ein als der Gegenstand der Berichterstattung. Wie TikTok-Influencer betreiben sogar Qualitätszeitungen *life coaching*. Täglich beglücken sie die Leserschaft mit Tipps für ein langes Leben, ein erfülltes Liebesleben, neues Sexleben, ausgeglichenes Familienleben, optimiertes Büroleben und testamentarisch wohlgeordnetes Ableben.

Schnelle Interviews anstelle der gründlichen Auseinandersetzung mit einem Thema: Allzeit befragte Expertinnen und Experten haben jenes Wissen einzubringen, das Schrumpfredaktionen abgeht. In Unkenntnis der Fakten freilich hat man umso schneller eine Meinung. Die Meinungsinflation im Journalismus wie bei X & Co. entwertet sowohl die Fakten als auch die Meinungen als auch die Medien.

Alle Viertelstunde ist ein neuer Beitrag ins Netz zu stellen, in den meisten Redaktionen wird mehr produziert und weniger recherchiert. Viele gescheite Köpfe meiden oder verlassen eine Branche, die seit drei Jahrzehnten vornehmlich abbaut, statt zu investieren. Der Braindrain läuft, er ist die größte Gefahr, von der am wenigsten die Rede ist.

All das mindert zusätzlich den Stellenwert des Journalismus, der sein Monopol als Vermittler von Informationen verloren hat. Darauf reagiert er nervös. Die mediale Aufgeregtheit macht nicht wenige Menschen »nachrichtenmüde«; still und leise gehen sie auf Abstand zum Medienbetrieb. Das stachelt diesen an, erst recht alle Schliche anzuwenden, um Klicks zu ergattern, abermals auf Kosten der Glaubwürdigkeit. Ein Teufelskreis.

Er lässt sich durchbrechen. Es gibt Grund zum Optimismus, zu einem »sorgenvollen Optimismus«, wie US-Außenministerin Madeleine Albright zu sagen pflegte. Der Medienbetrieb bringt zwar jeden Unsinn, der sich schreiben, ausstrahlen oder ins Netz stellen lässt. Aber dann kritisiert er ebendiesen Unsinn. Journalismus ist hoch anfällig – und entfaltet starke Abwehrkräfte. Keine Branche ist dermaßen selbstgerecht und zugleich dermaßen selbstkritisch.

Wie die Demokratie ist Journalismus der vorweggenommene Verzicht auf Perfektion, zugunsten von Versuch und Irrtum, Lernfähigkeit und kleinen Schritten nach vorn. Von der Demokratie wie vom Journalismus lässt sich sagen: Vieles läuft schlecht, doch ohne sie liefe es noch schlechter. Der Fluch ist ein Segen. Und so wie die Demokratie aus der Imperfektion des Menschen das Bestmögliche macht, so leistet der Journalismus auf imperfekte Weise insgesamt hervorragende Dienste an der Demokratie, aber nicht nur, nicht immer und nicht automatisch. Auf dieses »insgesamt«

kommt es an: Wie entwickelt sich per Saldo das Verhältnis zwischen guten Diensten und Bärendiensten?

Journalismus beeinflusst die Voraussetzungen von Demokratie – die politische Kultur; die Sachlichkeit der Debatte und Qualität der Meinungsbildung; die entsprechende Lernbereitschaft der Bürgerinnen und Bürger; ihren mehr oder minder ausgeprägten Gemeinsinn; und den Zusammenhalt des Gemeinwesens – kurzum die Kraft der Demokratie.[1] Und wo diese jetzt angefochten wird: Gäbe es denn nicht einen demokratiefreundlicheren Journalismus?

Die Presse ist zugleich ein Fundament und eine Infrastruktur der Demokratie. Doch die meisten Verleger, Medienmanagerinnen, Redakteure und Journalistinnen ziehen daraus einen falschen Schluss: Sie haben die Vorstellung verinnerlicht, dass alles, was sie tun, letztlich der Demokratie nütze. Dass der wildgewordene Kampf um Aufmerksamkeit diese Demokratie beschädigen kann, wollen viele Medienleute ungern wahrhaben. Einzelne Fachportale wie uebermedien.de, eine Gründung des Journalisten Stefan Niggemeier, pflegen eine konsequente Branchenselbstkritik. Einzelne gestandene Redakteurinnen und Redakteure nutzen ihre Talkshow-Auftritte, um Untugenden des eigenen Gewerbes zu erörtern. Aber in den Publikumsmedien gilt die Debatte mehr den Fragen des Handwerks und der Haltung, etwa dem geeigneten journalistischen Umgang mit der AfD, als strukturellen Missständen. Der Medienbetrieb erörtert am laufenden Band Fehlentwicklungen in Politik und Wirtschaft, aber oft verdrängt er die Folgen eigener Auswüchse. Dabei ist dies ein hochaktuelles Thema. Populismus und der raumgreifende »Boulevardismus« bilden eine Art objektive Allianz, die per Provokation und Bewirtschaftung von Ängsten und Aufgeregtheiten die Wählerschaft bzw. Nutzerschaft maximiert. Journalismus kann sehr wohl die Feinde der Pressefreiheit stärken.

Die Gesetze des Journalismus und die des Medienbetriebs laufen auseinander. In diesem Spagat besteht die Kunst darin, Journalismus zu machen trotz der Medien: trotz Medienkrise, trotz Medienkonzentration, trotz des Abbaus in Redaktionen, trotz der globalen Plattformen, trotz des kommerziellen Drucks, trotz erodierender Gehälter und Honorare, trotz »Lügenpresse, halt die Fresse«, trotz der postfaktischen Ära. In seinem Wesen wie in seiner Arbeit weiterhin dem »Prinzip Trotzdem« zu folgen – das ist die Aufgabe des Journalismus.

Der 2009 verstorbene (und branchenüblich bald vergessene) Reporter Andreas Kohlschütter hat dieses »Prinzip Trotzdem« formuliert und vorgelebt. Anfang der 1980er Jahre entsandten ihn die damals liberale *Weltwoche* und *Die Zeit* für drei Wochen nach Afghanistan, drei Monate später kehrte er zurück. Und war der weltweit Allererste, der warnte, dass die vom US-Geheimdienst CIA damals geförderten Gotteskrieger das Verhängnis des Westens seien und nicht sein Instrument.

Wenn Fachleute journalistische Beiträge zu ihrem Wissensgebiet lesen, sehen sie oft Fehler, Ungenauigkeiten, Unkenntnis relevanter Zusammenhänge, falsche Proportionen. Manchmal aber besticht und begeistert das kompetente Durchdringen des Stoffs. Das ist die Journalismuschance.

Die Journalismuskrise wiederum ist Bedeutungs-, Identitäts-, Renditekrise. Sie zu meistern ist umso dringlicher, als die Machtwelt der Politik jeden Akteur, der schwächelt, weiter zu schwächen pflegt. Die Überwachungsgesellschaft will die Pressefreiheit einengen, nicht etwa ausweiten.

Die Kapitel 1 bis 3 zeichnen ein kleines Sitten- und Unsittenbild des Journalismus in Geschichte und Gegenwart. Kapitel 4 schildert den laufenden Generalangriff auf die Medienfreiheit. Die Kapitel 5 bis 7 skizzieren, was zu tun ist, wie sich der Journalismus selbst helfen kann und wie der Staat helfen muss. In Deutschland sollten die Regierungen in Bund und Ländern eine »Journalismuspolitik« entwickeln anstelle der herkömmlichen Medienpolitik. Vorrangig ist es, den Journalismus zu fördern und nicht den Medienbetrieb, der verrücktspielt. Doch wie sieht Journalismuspolitik aus? Im Kern: Staatliche Förderung bestärkt die Staatsferne und Freiheit des Journalismus, sofern eine unabhängige Förderinstanz allgemeingültige feste Regeln anwendet.

Der Philosoph Michel Foucault schrieb 1983: »Ich suche nicht zu behaupten, alles sei schlecht, sondern, alles sei gefährlich – was nicht genau dasselbe ist wie schlecht. Wenn alles gefährlich ist, dann haben wir eben stets etwas zu tun. Folglich führt meine Position nicht zur Apathie, sondern im Gegenteil zu einem pessimistischen Hyper-Aktivismus.«[2]

Vorderhand bleibt die deutsche Politik unteraktiv, geradezu passiv – obwohl es zu den elementaren Staatsaufgaben zählt, die Presse als kritische Infrastruktur der Demokratie instand zu halten. Die Schweiz tut sich ebenfalls schwer. In einer Volksabstimmung 2022 lehnten 55 Prozent ein »Massnahmenpaket zugunsten der Medien« ab, namentlich weil es große und reiche Verleger begünstigte. Besonders der kleine zweisprachige Kanton Freiburg/Fribourg jedoch hat emblematische Modelle der Förderung von Regionaljournalismus eingeführt. In Österreich wiederum verhindert der landesübliche Filz eine schlüssige Förderstrategie.

Ihrerseits sollten aber auch Journalistinnen und Journalisten öfter das Heft in die Hand zu nehmen versuchen. Wer am laufenden Band den Politikern und Managerinnen erläutert, wie sie es besser machen könnten, darf sich selbst ebenfalls in die Pflicht nehmen. Resolut muss der Journalistenberuf seinen Berufsstolz und sein Berufsethos gegen den Medienbetrieb behaupten. Ein Journalismus, der das Prinzip Trotzdem hochhält, hilft sich selbst.

I

Journalismus – ein Rückblick nach vorn

Zu Beginn des 15. Jahrhunderts verbreiten sich in ganz Italien handschriftliche Informationsbriefe, genannt *summarii di avvisi*: Diese »Zusammenfassungen von Benachrichtigungen« werden mit der Zeit immer professioneller. Hohe Beamte der zahlreichen italienischen Stadtrepubliken, Herzogtümer, Königreiche und des päpstlichen Kirchenstaats in Rom sind darauf angewiesen, einander auf dem Laufenden zu halten. Also lassen sie ihre Sekretäre regelmäßig Resümees der jüngsten Aktualität aufsetzen, mehrfach kopieren und an ausgewählte Kollegen zustellen. Bald beschaffen sich auch Kaufleute solche »Newsletter«. Was sich in der Nachbarschaft tut, wollen sie ebenfalls wissen.

Im 16. Jahrhundert erobert dieses neue Medium des »Aviso« Deutschland. Die mächtigen Handelsherren Fugger in Augsburg lassen solche Nachrichtenbriefe anfertigen und nutzen sie tagaus, tagein. Berufsmäßige »Novellanten« – namenlose Pioniere des Journalismus – schreiben die sogenannten Fuggerzeitungen von Hand. Sie berichten knapp und anschaulich über das politisch-militärische Geschehen. Zuoberst stehen gleichsam als Überschrift das Datum und der Absendeort: Rom, Venedig, Köln, Antwerpen, auch Lyon, Wien, Prag. Unter den 15 000 Fuggerzeitungen der Jahre 1568 bis 1605 finden sich gar Berichte aus Nordafrika, Asien oder den Amerikas.

In diesem Jahr 1605 gibt der Buchdrucker, Buchhändler, Verleger und Novellant Johann Carolus das erste periodische Blatt heraus, die Wochenzeitung *Relation*. Der Thüringer Carolus (1575-1634) ist nach Straßburg gezogen, in die Hauptstadt des Buchdrucks. Die ersten Ausgaben der *Relation* sind verschollen; der vollständige Titel des ältesten erhaltenen Exemplars aus dem Jahr 1609 lautet nicht ganz bündig:

> *Relation aller Fuernemmen* [hervorstechenden] *und gedenckwuerdigen Historien /so sich hin unnd wider in Hoch und Nieder Teutschland /auch in Franckreich /Italien /Schott und Engelland /Hisspanien /Hungern /Polen /Siebenbürgen / Wallachey /Moldaw /Türcken /ec Inn diesem 1609. Jahr verlauffen und zutragen möchte. Alles auff das trewlichst wie ich solche bekommen und zu wegen bringen mag, in Truck verfertigen will.*

Johann Carolus will akkurat »in Druck geben«, was relevant und markant ist. Mit seinem journalistischen Ethos »treulichster« Verlässlichkeit eröffnet er den Weg, den beispielsweise der Patriarch der *New-York-Times*-Dynastie drei Jahrhunderte später gehen wird: Der Verleger Adolph S. Ochs, dessen Familie aus Bayern stammte, prägte 1897 das Leitmotiv der Qualitätszeitung, »All the news that's fit to print« – wir bringen alle druckreifen Nachrichten. Ochs hätte sich nie träumen lassen, wie die Verkäufe der *New York Times* dereinst emporschnellen würden, von anfangs 9000 Exemplaren auf heute 9,4 Millionen digitale Abonnements zuzüglich 670000 papierener Zeitungen.

Just als Adolph S. Ochs 1896 bei der *New York Times* einstieg, kam das zweite Massenmedium auf. Der italienische Erfinder Guglielmo Marconi ließ das Radio patentieren, das sich in den 1920er Jahren durchsetzte. Bald folgte das Fernsehen als drittes und letztes Massenmedium, das nach dem Prinzip funktioniert: ein Sender oder Absender und Millionen Empfänger. Ganz anders die sozialen Medien, in denen alle zugleich senden und empfangen können; das »Publikum« darf und soll publizieren, wie einst im Aviso-Netzwerk der italienischen Oberschicht.

Als der Journalismus erfunden wurde

Der eigentliche Vordenker des Journalismus jedoch stammt aus der calvinistischen Hochburg Loudun in Westfrankreich – war doch der Protestantismus die Konfession des gedruckten Bibelworts. Das Waisenkind Théophraste Renaudot (1586-1653) bringt es zum Arzt und Autor einer *Abhandlung über die Armen*. Dem Wort folgt die Tat, er erfindet eine Kontaktbörse für Arbeitslose, startet eine Pfandleihe ohne Wucherzinsen, er begründet das Sozialunternehmertum. Der Protestant steigt zum Leibarzt von König Ludwig XIII. auf, der ihn zum »Generalkommissar für die Armen« beruft. Vor allem schreibt Renaudot gern, viel und gut.

Ein angesehener Literaturpreis im heutigen Frankreich hält seinen Namen lebendig, der »Prix Renaudot«.

Zwei Jahrzehnte nach Carolus, am 30. Mai 1631 in Paris, lanciert Théophraste Renaudot ein Blatt, das journalistische Gattungen wie Bericht, Kommentar und Glosse pflegt. »Eine Großzahl Nachrichten macht die Runde, man muss sie prüfen und nach der Wahrheit forschen«, kündigt Renaudot in seiner *Gazette* an. Er benennt sie nach der kleinen venezianischen Münze *gazzetta*, heute etwa 50 Cent; zu diesem Preis werden die Nachrichtenflugschriften auf dem Markusplatz in Venedig feilgeboten.

Renaudot setzt auf Anhieb Maßstäbe: »In einer Hinsicht werde ich niemandem Zugeständnisse machen, nämlich bei der Suche nach der Wahrheit, wobei ich für dieselbe nicht bürge.«[1] Das Publikum anerkennt die Qualität der *Gazette*, trotzdem stört ihre Existenz. Journalismus wirke subversiv, empört sich der Pionier des modernen Bibliothekwesens Gabriel Naudé:

> Aus meiner Sicht ist es unangemessen, dass der Pöbel so viele Nachrichten erfährt; was bringt es denn, ihn zeitnah über Aufstände in Neapel zu informieren, über den Aufruhr in der Türkei [...]. Gewiss würde man sich in Rom und Venedig hüten, derart ansteckende Meldungen zu veröffentlichen, denn diese zwei Städte sorgen viel straffer für Ruhe und Ordnung als Paris.

Die *Gazette* setzt sich durch. In der Hauptstadt erscheint sie samstags in der hohen Auflage von 8000 Exemplaren, 35 Ortschaften lassen sie nachdrucken. Bald verdoppelt sie ihren Umfang auf acht Seiten. Mitten im Dreißigjährigen Krieg will die des Lesens kundige Minderheit der Franzosen und Französinnen informiert sein. Kardinal Richelieu, starker Mann zu Hofe, unterstützt das Vorhaben. Er schreibt zuweilen spaßeshalber für das Blatt, das den gesamten Spannungsbogen der Mediengeschichte vorwegnimmt. Renaudot ist so sehr der Zeit voraus, dass seine journalistische Haltung und sein Berufsethos bis in die Gegenwart relevant bleiben. Die ewigen äußeren und inneren Konflikte des Journalismus trägt er bereits alle aus, nicht immer mit Bravour.

So schwankt seine *Gazette* zwischen Aufrichtigkeit und Hofberichterstattung. Das Blatt will der Wahrheit und nur der Wahrheit verpflichtet sein, trotzdem schont der Verleger den Königspalast. Zwischendurch avanciert oder verkommt die Zeitung zum »Offiziellen Organ der royalen Regierung«. Trotzdem erweist sich Renaudot als Bahnbrecher der Medienfreiheit. Eindringlich warnt er »die Fürsten und die ausländischen Staaten davor, unseren Nachrichten den Weg zu versperren: Denn Nachrichten sind eine Ware, deren Handel noch niemand verbieten konnte, ähnlich wie von Natur aus ein Sturzbach bei jeder Sperre anschwillt.«

Das Bild birgt viel Wunschdenken. Absolutistischen Herrschern gelingt es bis heute, die Informierung des breiten Publikums zu steuern. Das müssen sie auch, sonst werden sie verwundbar. Zum Beispiel meint der

Russe Garri Kasparow, langjähriger Schachweltmeister und Kritiker des diktatorischen Präsidenten Wladimir Putin: »Ein Monat Fernsehen ohne Zensur – und es wird das Regime nicht mehr geben.«[2]

Fakten und Fake News

Triebfeder von Théophraste Renaudot ist der Kampf gegen Lügen und Gerüchte, denn sie wirkten wie *allumettes*, Streichhölzer: Sie entzünden Emotionen, Aufwiegler haben dann leichtes Spiel. Es reiche nicht, schreibt der Franzose, wenn Falschnachrichten im Nachhinein »vom Lauf der Zeit« korrigiert würden. Vielmehr müsse die Redaktion alles prüfen, wobei es leider Gottes unvermeidlich sei, dass unter »fünfhundert in Eile geschriebenen Beiträgen unserer Korrespondenten in aller Welt der eine oder andere Bericht missrät«. Denn »mit Nachrichten verhält es sich wie mit Metallen. So wie Letztere beim Verlassen des Stollens oft mit Erde vermengt sind, so kommen Nachrichten normalerweise in Begleitung etwelcher Konfusionen zum Vorschein, erst mit der Zeit werden sie rein wie Metall in der Gussform.«

Meldungen bei Bedarf zu korrigieren, betont Renaudot, sei kein Gesichtsverlust: Das offenbare »nicht etwa eine niedrige Gesinnung (wie das die Flegel wähnen), vielmehr zeugt es von Mut, sich über jene Kleingeisterei zu erheben, die notabene aus kindischem und doktrinärem Trotz die Wahrheit für sich pachtet – weil Kleingeister es sich nicht vorstellen können, dass mehr Geisteskraft darin liegt, einer besseren Meinung recht zu geben, als auf der eigenen zu bestehen«.

Fakten statt *Fake*: Auf den Punkt bringt das im 21. Jahrhundert Dmitri Muratow, Gründer einer ganz anderen und verbotenen Gazette, nämlich der oppositionellen Moskauer *Novaya Gazeta* (neue Zeitung, deren Schwesterblatt *Novaya Gazeta Europa* in Lettland erscheint). Bei der Entgegennahme des Friedensnobelpreises 2021 sagt Muratow: »Wir sind Journalisten, unsere Aufgabe ist klar – zu unterscheiden zwischen Fakten und Fiktion.«[3] Der Kriegsherr im Kreml allerdings kann solche Kraft des Faktischen nicht ausstehen, und so entzieht ein Moskauer Gericht der *Novaya Gazeta* ein halbes Jahr nach der Invasion der Ukraine die Drucklizenz und bald auch die Online-Lizenz.

Den Nobelpreis teilt sich Muratow mit der philippinischen Investigativjournalistin Maria Ressa, 2019 willkürlich verhaftet. In ihrer Osloer Rede zieht sie wiederum den Kettenschluss: »Ohne Fakten keine Wahrheit. Ohne Wahrheit kein Vertrauen. Ohne Vertrauen haben wir keine gemeinsame Wirklichkeit, keine Demokratie.«[4] Zwar besagt ein Leitspruch des angelsächsischen Journalismus: »When you don't know the facts, take the principles« – in Unkenntnis der Fakten halte sich die Redaktion ans Grundsätzliche. Aber Journalismus in Unkenntnis der Sachlage ist ein Widerspruch in sich, wiewohl eine häufige Praxis.

Seinerzeit bedauert Renaudot die Vorliebe vieler Leser für das Trügerische bis Betrügerische, wenn denn der Beitrag nur frappant genug ist. »Eine parteiliche Zuschrift, die leichthin gelesen wird, wie sie geschrieben wurde, oder eine ins Ohr geraunte anonyme, abenteuerliche Nachricht [...] findet oft mehr Aufmerksamkeit und genießt in den Köpfen mehr Kredit als der verlässlichste unserer [...] Artikel, der aus zwei Dutzend Quellen an verschiedenen Orten schöpft.«

Erregungslust trübt jederzeit den Realitätssinn, zumal wenn im 21. Jahrhundert die Algorithmen und der Boulevard unsere Affekte bewirtschaften. Je emotionaler, desto unsachlicher oder »postfaktischer«, so das Wort des Jahrs 2016, als Donald Trump zum US-Präsidenten gewählt wurde, mithilfe des Nachrichtenkanals Fox News von Rupert und Lachlan Murdoch. In ihrem Medienkonzern gilt: Umsatz und Rendite müssen stimmen, aber nicht zwingend die Informationen.

»FBI-Agenten haben den Sturm auf das Capitol organisiert«: Vom Moderator zum Agitator mutierte der Fox-News-Superstar Tucker Carlson.[5] Das Eingeständnis, der Demokrat Joe Biden sei rechtmäßig gewählter US-Präsident, hielt Carlson für eine Bedrohung des Geschäftsmodells, denn das verprelle »unsere Kernzuschauerschaft« von Republikanern. Doch der Wahlmaschinenhersteller Dominion Voting reichte Klage ein, weil ihn die Publikumsmaximierer und Faktenminimierer von Fox der Wahlfälschung bezichtigt hatten. Um einen Prozess abzuwenden, zahlte Murdoch 787 Millionen Dollar. Ausnahmsweise war die Unwahrheit kostspieliger als die Wahrheit. Agitation jedoch bringt in der Regel mehr Geld und Klicks als der Journalismus. »Im Netz verbreiten sich Lügen sechs Mal schneller als gesicherte Informationen«, schätzt Anna-Lena von Hodenberg, deren NGO HateAid den Opfern von Hass und Verleumdung in den sozialen Medien beisteht.[6]

Tucker Carlson wurde entlassen, umgehend führte er seine Propagandashow auf X fort, einschließlich serviler Interviews mit Wladimir Putin und Donald Trump. Carlsons Nachfolger als *prime time extremist* heißt Jesse Watters. Der neue »Extremist zur besten Sendezeit« beteuerte, das Pentagon habe die Trump-kritische Sängerin und Pop-Ikone Taylor Swift als Einflussagentin einspannen wollen: »Ich weiß nicht, wer vom Weißen Haus oder woher immer auf sie zuging.«[7] Reaktionärer Impetus, medialer Zynismus und kommerzieller Drang münden in einen »Journalismus«, der den US-Präsidentschaftswahlkampf von 2024 ebenso vergiftet hat wie den von 2020. Permanenter Furor soll für Furore sorgen.

Von Anbeginn hatte der Journalismus seine Scharfmacher, zeigt der Rück- und Seitenblick ins 17. Jahrhundert. »Ihr solltet eure Anwürfe besser belegen«, konterte Renaudot, als ihn ein anderes Blatt niedermachte. Ähnlich wie heute durchlebte Europa eine nervöse Zeit der Transformation von Politik und Wirtschaft. Nach dem Dreißigjährigen Krieg trug Paris seine Stadtmauern ab, die gegen moderne Kanonen nichts mehr ausrichteten. Bald erstreckten sich auf den geschleiften Bollwerken, auf Französisch *boulevards*, belebte Alleen, auf denen Zeitungsverkäufer die dramatischen Schlagzeilen ausriefen. Daraus entwickelte sich später die Boulevardpresse, zum Zwecke des Impulskaufs emotional aufgeladen, kurz und knallig.

Das Prinzip der Reduktion, um binnen Sekunden Aufsehen zu erregen, hat in der digitalen Welt Schule gemacht. Es ist das Grundmuster sozialer Medien, von den X-Posts mit ihren 280 Zeichen in der Gratisversion bis zu den Kurzvideos »Reels« auf Instagram. Schrumpft der Platz, expandiert das Plakative. Das lädt den Journalismus ein, grell zu werden. Die Angelsachsen sprechen von der *Yellow Press*, seit am Ende des 19. Jahrhunderts die zwei verfeindeten Verleger Joseph Pulitzer (*New York World*) und William Randolph Hearst (*New York Evening Journal*) einander schrill und immer schriller konkurrenzierten – erstmals mit Farbdruck samt einem gelb kolorierten Cartoon namens »The Yellow Kid«. Hearst warb dessen Erfinder ab, worauf Pulitzer einen neuen »Yellow-Kid«-Zeichner verpflichtete; ungeklärter Urheberrechte wegen erschien der Comic eine Zeit lang in beiden Blättern.

Joseph Pulitzer fand nach seinem Abstecher in die Boulevardpresse zum vertiefenden Journalismus zurück. Er stiftete die großen Pulitzer-Preise für Journalisten und Autoren sowie die Columbia Journalism School. In der Abwärtsspirale der Fake News mochte er nicht mit Hearst mithalten. Letzterer wurde zum Inbegriff eines diabolischen Tycoons, auf Japanisch *taikun*: »großer Herrscher«. William Randolph Hearst befehligte zwei Dutzend Tageszeitungen, ebenso viele Wochentitel, zudem Nachrichtenagenturen, Rundfunksender und Filmstudios. Das Reich der Murdochs erstreckt sich heute über 500 Fernsehsender, Webseiten, Blätter, namentlich das *Wall Street Journal* und *The Times*, das Londoner Boulevard-Geschütz *The Sun* sowie Buchverlage, Studios und mehr.

Vielfalt und Medienmacht

Kaltschnäuzig expandierte im 17. Jahrhundert auch Renaudot, der allererste Medienmogul. Und »Mogul« wiederum ist das persische Wort für mongolische Fürsten. Taikun, Mogul – der Medienjargon neigt zu altasiatischen Ergebenheitsprädikaten. Das ist aufschlussreich: Sosehr Journalismus der Demokratie dient, so sehr schadet ihr die Konzentration von Medienmacht.

Théophraste Renaudot kaufte dem Verleger Jean Epstein das Blatt *Les Nouvelles Ordinaires de divers endroits* (laufende Nachrichten aus verschiedenen Örtlichkeiten) ab. Der gebürtige Deutsche Epstein betrieb an der Seine ein Übersetzungsbüro und veröffentlichte Auslandsmeldungen. Doch dieser glaubenstreue Protestant hatte schlechte Karten, da Renaudot zum Katholizismus übertrat, um der Gunst des Kardinals Richelieu willen. Und der belohnte den Konvertiten. Der katholisch-königliche Hof sicherte der *Gazette* das Monopol und nötigte Epstein, sein Blatt zu veräußern.

1635 übernahm Renaudot zudem die Feuilletonzeitschrift *Le Mercure Galant* (Der manierliche Götterbote). In *Le Mercure de France* umgetauft, erscheint das Journal bis heute bei der ersten Pariser Verlagsadresse, den Éditions Gallimard. Damit nicht genug, Renaudot brachte ein Monatsmagazin auf den stetig wachsenden Markt, die *Relation des nouvelles du monde receuës tout le mois* (Darlegung der während des ganzen Monats empfangenen Nachrichten aus aller Welt). Was der *Gazette* entgangen war, solle die *Relation* aufgreifen.

Doch derselbe Renaudot, der sich zuvor für eine offene Debatte verwendet hatte, setzte dank seiner Medienmacht den Kritikern der *Gazette* heftig zu: »Um mich zu verteidigen, verfüge ich über keine größere Fläche als die eines Titelblatts, auf dem ich selbst in knappen Worten niemals genug Argumente anführen könnte, um diejenigen zum Schweigen zu verurteilen, die sich trickreich vornehmen, jeden Monat von Neuem meine Beiträge zum laufenden Geschehen zu diskreditieren.« Auf diese Rufmörder werde er das Scheusal namens Fama (Gerücht) ansetzen, dieses gefiederte Mischwesen der antiken Mythologie, dem der Dichter Vergil »so viele Augen, Ohren, Münder und Zungen, wie es Federn hat«, zuschrieb. Oft bausche sich die kleine Fama zu maßloser Größe auf, und »so wie die Maler gern ihr eine Trompete in die eine Hand geben, so werde ich ihr die *Gazette* in die andere legen, in der aber zur exemplarischen Strafe die Namen meiner Kritiker nicht mehr erscheinen, bis der Geifer ihrer Galle versiegt und sie zur Vernunft zurückkehren.«

Diffamieren, ignorieren – im 20. Jahrhundert wird der skrupellose Tycoon Hearst die beiden journalistischen Sanktionen anwenden: gegen den jungen Filmregisseur Orson Welles, der ihn und seine Gier im Meisterwerk *Citizen Kane* porträtiert. Zunächst versucht Hearst, die Produktion zu verhindern. Daraufhin will er 1941 die Negative kaufen und zerstören. Als er aufläuft, befiehlt er eine Schmutzkampagne. Die Hearst-Blätter ziehen Orson Welles in den Dreck. Seinem Film widmen sie keine Zeile, was den Misserfolg an den Kinokassen besiegelt.

Bei Théophraste Renaudot lief die Stimmungsmache zugunsten des Königs, den die *Gazette* noch für billigste »Heldentaten« zu rühmen wusste. So umständlich wie peinlich berichtete sie, auf dem königlichen Exerzierplatz sei »eine selten große Wildkatze« aufgetaucht. Kein Soldat konnte sie greifen, bis Ludwig XIII. *himself* mit einem Stockhieb das Raubtier »auf der Stelle niederschlug«. Die Moral von der Geschicht': Majestät »vermag mehr zu leisten als Ihre versammelten Truppen«.

Auch in Demokratien erliegen manche Journalisten der Faszination für Mächtige, und sie feiern die Erfolgreichen. Wenn der Journalismus Missstände aufdeckt, ist er punktuell sehr unbequem. Insgesamt aber lässt er sich oft und gern von den Zeitströmen treiben. Als der Wirtschaftsliberalismus angesagt war, folgten fast alle Wirtschaftsmedien dieser Denkschule. Als die althergebrachte bourgeoise Korrektheit dem neuen Eifer der Antikorrektheit wich, entdeckten gutbürgerliche Blätter ihre Lust an der Provokation. Als die Kosten eines ökologischen Umbaus der Volkswirtschaft zu drücken begannen, verblasste in manchem Medium alles Grüne. Der Zeitgeist prägt den Journalismus stärker, als der Journalismus den Zeitgeist beeinflusst.

Redaktionen spiegeln nicht nur das Geschehen, sondern in ihrer soziologischen Zusammensetzung auch die Machtverhältnisse in der Gesellschaft. Frauen holen auf, meist führen noch Männer. Redakteurinnen und Journalisten mit Migrationshintergrund sind gefragt, aber nach wie vor untervertreten. Redaktionen schreiben fortschrittlicher, als sie sind. Sie bilden keine gesellschaftliche Avantgarde, durchaus folgen sie den Trends in der Allgemeinheit, in die sie *embedded* sind (wie einst Reporter im Irakkrieg, ein Sinnbild). Medienleute teilen Stimmungen, Hoffnungen und Sorgen der Mittelschicht. In der Medienkrise beschleicht sie die Abstiegsangst, das steigert den journalistischen Pessimismus. Eine Studie der Denkfabrik Brookings ermittelte, dass in den USA von 2018 an die Wirtschaftsberichterstattung deutlich negativer wurde als die Wirtschaftsentwicklung – wozu auch »tendenziöse Fernsehsender« (sprich Fox News) beigetragen hätten.[8]

»Die Geschichte erzählt, was geschehen ist, während die *Gazette* berichtet, wovon sie erfahren hat. Erstere steht in der Pflicht, durchweg die Wahrheit zu sagen. Letztere genügt dem eigenen Anspruch, wenn sie sich daran hindert zu lügen«. Von seinen Novellanten erwartete Renaudot *naïvité* im Sinne der Unbefangenheit. Doch wer schnell arbeitet, macht noch schneller Fehler. Oft irren Journalisten, berichten ungenau oder voreingenommen, sie entziehen sich nicht ganz dem Einfluss ihrer besten Quellen, sie priorisieren Themen falsch, verkennen Relevantes, übersehen Wesentliches, zumal unter Aktualitätsdruck.

Deshalb entwickelte Renaudot die anspruchsvolle Monatszeitung *Relation*. Für einen Franzosen freilich bedeutet »seriös« nicht gleich auch »ernst«. Das »von der Lektüre bedeutsamer Dinge ermattete« Publikum munterte er mit Pointen und Spötteleien auf; oder indem er sich in allerlei Schreibstilen versuchte, um den diversen Vorlieben der Leserschaft gerecht zu werden. Als einer der Ersten mischte er aus den drei Ingredienzien Information, Bildung und Unterhaltung das Elixier des Journalismus. Bei diesen drei Zutaten ist es geblieben, zu allen Zeiten in allen Medien – es darf Spaß machen. Nicht anders sah es Theo Sommer, langjähriger Chefredakteur und Herausgeber der *Zeit*. Vereinfachend und zuspitzend lächelte er: »Ein guter Leitartikel muss erst vereinfachen, dann zuspitzen.«

Bei Gründung der *Gazette* betonte Renaudot, er wolle nicht eingleisig informieren, sondern sich mit dem Publikum austauschen. Das musste er auch. Journalismus hatte als völlig neue Gattung unablässig zu erläutern, was er ist, was er will, wie er vorgeht, welche Maßstäbe gelten – genauso wie im jetzigen Umbruch der Medien viele Redaktionen ihre Arbeitsweise darlegen, um die Skepsis eines Teils des Publikums aufzufangen. In langen »Vorworten« zur *Gazette* erklärte der Verleger seine Philosophie des Journalismus. Im *Mercure Galant* richtete er eine Rubrik für Leserbriefe ein. Er bat die Leserschaft um Korrektur von Falschinformationen, so wie heute manche Webseite die Nutzerinnen und Nutzer ersucht: »Fehler gefunden? Bitte melden.« Auch ermunterte er das Publikum, Informationen einzusenden. Renaudot nahm vorweg, was der Medienjargon des 21. Jahrhunderts *user generated content* nennt, den von Nutzern bereitgestellten Inhalt.

Überdies betrieb er eine Art Konferenzzentrum, ähnlich wie heutige Verlage nicht nur den mittelbaren (das heißt medialen) Kontakt zum Publikum suchen, sondern auch das unmittelbare Erlebnis auf Tagungen und Podien. Renaudot versammelte jeden Montag rund 50 Pariser »Ehrenleute« zum Diskurs über moralische oder naturwissenschaftliche Fragen. In diesen Montagsrunden verbat man sich – anders als jetzt in sozialen Medien – jegliche Polemik. Wortmeldungen hatten konstruktiv zu sein. Mitten in den Religionswirren blieben konfessionelle Fragen tabu. Ebenso wenig durften Staatsgeheimnisse zur Sprache kommen, *les mystères des affaires d'État*. In einem Konferenzblatt erschienen die Referate ohne Namensnennung; im Vokabular des modernen Konferenzbetriebs galt die »Chatham-House-Regel«: Nach Tagungen des Royal Institute of International Affairs im Londoner Chatham House darf über alles berichtet werden, nur nicht, *wer* was sagte. Das ermuntert Referentinnen und Referenten, freier zu sprechen.

Der rastlose Renaudot gründete ein *bureau d'adresses et de rencontres* (Büro für Adressen und Begegnungen). Und griff den digitalen Marktplätzen vor. Wer eine Arbeit, eine Wohnung, ein Nutztier oder eine landwirtschaftliche Pacht brauchte, ließ sein Begehr ins Register des *bureau* eintragen, das die Anbieter konsultierten. Renaudots Vorsatz: Makler, Zwischenhändler und sonstige Intermediäre auszuschalten, die für viel Geld wenig leisteten. Den Armen wurden die drei Groschen Gebühr sowieso erlassen.

Das Adressbüro im »Haus zum Großen Hahn« avancierte zum Treffpunkt der Novellanten. Erstmals hatte der Journalismus eine Szene, bis heute eine ziemlich auf sich bezogene. Dieses Völkchen, das über die große Welt berichtet, pflegt die Eigenart, nicht ungern unter sich zu bleiben. Journalisten treffen Journalisten, obwohl alle um den Brei herum reden. Eine Burleske, man möchte von den Kollegen viele Infos erfahren und selbst keine preisgeben. Die veröffentlichte Meinung ist oft eine Selbsternährerin.

Dem Journalismus-Philosophen Renaudot war der Begriff des öffentlichen Raums fremd. Aber ansatzweise schuf er anderthalb Jahrhunderte vor den bürgerlichen Revolutionen in Nordamerika 1776 und Frankreich 1789 so etwas wie eine bürgerliche Öffentlichkeit. Der Franzose unterschied zwischen dem *bien public* (Gemeinwohl) und den *particuliers* (Individuen mit partikularen Interessen). Seine *Gazette* informierte durchaus Geschäftsleute. Vor allem aber widmete sich die Zeitung der *res publica*, Journalismus sollte der öffentlichen Sache dienen. Théophraste Renaudot sah sich als aufgeklärten Untertan.

Erst kriegerisch, dann kriegsmüde

Zu Zeiten des Dreißigjährigen Kriegs hat sich der Journalismus erst richtig entfaltet. Und angepasst. Bis heute wird er eher gouvernemental, sobald Großkrisen ausbrechen. Unter Schock erliegt er dem Reflex, in der Gesellschaft die Reihen schließen zu wollen, bevor er allmählich zur kritischen Distanz zurückfindet.

Zu Beginn der im Rückblick fehlgeleiteten Kriege in Vietnam, Afghanistan, im Irak oder in Libyen schrieben die amerikanischen Leitmedien erstaunlich regierungstreu. Die *New York Times* allerdings hat ihre Irrungen und Verirrungen aufgearbeitet. Das Weltblatt besann sich im Lauf des Vietnamkriegs zwar spät auf seinen kritischen Auftrag, dann aber richtig. 1971 veröffentlichte es Auszüge aus dem Geheimbericht »Pentagon Papers«, den der Verteidigungsminister in Auftrag gegeben hatte; Robert McNamara hatte ein Team von Wissenschaftlern damit betraut, das Fiasko der USA in Vietnam aufzuarbeiten. Dabei erörterten die Forscher auch die Desinformation der Öffentlichkeit durch die US-Regierung. Die *New York Times* beschleunigte mit ihren Enthüllungen über Kriegslügen den Rückzug aus Südostasien. Seither blieb die Zeitung selbstkritisch. So erschien 2004 auf der Titelseite der Leitartikel »The Times and Iraq«, der die eigene Berichterstattung im Irakkrieg auseinandernahm.[9]

Am Anfang von Kriegen sind Journalisten oft bellizistischer als Vier-Sterne-Generäle, die sich der Unwägbarkeiten eines Konflikts sehr bewusst sind. Diese mediale Neigung zum Kampfeinsatz gegen Bösewichte ist nichts Neues im Westen. 1898 machten die erwähnten New Yorker Rivalen Pulitzer und Hearst einträchtig Stimmung gegen die spanischen Kolonialherren, die auf der Insel Kuba Freiheitskämpfer massakrierten. Die beiden Verleger vermengten Freiheitsideal und kommerzielles Kalkül, denn die Kampagne zog beim Publikum. Ihre Blätter brachten Fake News, um zum Generalangriff der USA auf das aus amerikanischer Sicht dekadente Königreich Spanien zu blasen. Den Kriegsgrund bot eine verheerende Explosion auf einem US-Schlachtschiff im Hafen der kubanischen Hauptstadt

Havanna, wobei etliche Fachleute meinten, der Munitionsraum sei ohne fremdes Zutun in die Luft geflogen. Unter dem Druck der Medien erklärten die Vereinigten Staaten 1898 jenen Spanisch-Amerikanischen Krieg, den sie zwar im Namen der Menschenrechte gewannen, der aber den spanischen Kolonialismus durch den jungen US-amerikanischen Imperialismus ablöste, von Kuba über Puerto Rico bis zu den Philippinen.

Medien sind kriegerisch, dann kriegsmüde. Zu Beginn überwiegt die Empörung über den Angreifer und seine Untaten, bevor das Kriegsleid und die finanziellen oder politischen Kriegskosten auf der medialen Agenda nach oben rücken. Zuerst kommt die Moral, dann die Ernüchterung. Zu Beginn des russischen Angriffs auf die Ukraine 2022 herrschte in einzelnen Medien beinahe Aufbruchstimmung, doch als daraus im Wesentlichen ein Stellungskrieg wurde, erschienen die Ruinenfelder in einem anderen Licht. Nach dem Massaker an israelischen Zivilisten durch die palästinensische Hamas am 7. Oktober 2023 wich im Zuge des Gazakriegs die »unbedingte« Solidarität mit Israel dem Mitleid auch mit vielen unschuldigen Opfern des Gegenschlags und einem Nachdenken über die geopolitischen Folgen für den Westen.

Auf der Suche nach sich selbst

Von Anbeginn, so das Vermächtnis des Théophraste Renaudot, ist Journalismus nicht nur auf der Suche nach Informationen, er forscht immer nach sich selbst. Dieser Beruf bildet keinen Stand, keine Gilde oder Zunft, niemand braucht ein Diplom, alle haben Zutritt, nun auch »Bürgerjournalisten«, die teils sehr fundiert berichten. Das dereinst von Renaudot vorgezeichnete Berufsethos bildet das einzige und höchst fragile Regelwerk, in der Bundesrepublik festgehalten im »Pressekodex« des Deutschen Presserats. Mehr richtungweisend als verbindlich sind ebenso der »Ehrenkodex für die österreichische Presse« und in der Schweiz die »Erklärung der Pflichten und Rechte der Journalistinnen und Journalisten«. Dieses Gewerbe definiert sich über ein Berufsethos, das es allerdings auf Biegen und Brechen strapaziert.

Zu dem Metier, das am liebsten über Konflikte berichtet, haben alle Menschen ihr konfliktgeladenes Verhältnis, angefangen bei den Journalistinnen und Journalisten selbst. Einerseits ist nichts boshafter als die Berichterstattung von Medien über andere Medien, hier hat sich seit Renaudots Zeiten nichts verändert. Andererseits birgt die öffentliche Kollegenschelte verkapptes Selbstlob im Sinne von: Wir Journalisten schonen einander nicht, da sind wir besser als andere Branchen.

In der Tat, kein Metier streitet dermaßen mit sich selbst und über sich selbst, stets um eine Eigendefinition bemüht. Das vorliegende Buch macht keine Ausnahme. Dieser Berufszweig »hinterfragt« – auch ein journalistisches Wort – Sinn, Zweck, Wirkung, Ethos der eigenen Arbeit. Man feiert und beargwöhnt zugleich das eigene, oft vergebliche Tun. Aber auf Kritik reagiert die Schar narzisstischer Medienleute noch dünnhäutiger als die viel seltener vom Tadel ereilte Ärzte- oder Richterschaft (man wechselt seinen Arzt, statt ihn zu kritisieren, und wehe dem Angeklagten, der seine Richterin schilt). Selbstgerechtigkeit und Selbstkritik vermengen sich wie bei Schrittmacher Renaudot, der alles besser wusste und nicht müde wurde zu betonen, wie borniert journalistisches Wissen sei.

Vor allem deuten bereits die Anfänge dieses so schillernden wie schönen Berufs darauf hin, dass Journalismus und Medienbetrieb letztlich zwei Paar Schuhe sind. Die Unabhängigkeit des Journalismus kollidiert heute immer heftiger mit der wirtschaftlichen Zwangslage vieler Medienhäuser. Die Faktentreue kann leiden, sobald mit Fake News Geld zu machen ist. Guter Journalismus bleibt nüchtern, während sich die Medienwelt erregt. Journalismus lebt vom Pluralismus, dem die Medienkonzentration zusetzt. Und heute bilden Facebook, X und die anderen eine sowohl nützliche als auch nachteilige Plattform für Presse, Radio und Fernsehen. Die sozialen Medien relativieren einen Journalismus, der sich ihnen immer stärker angleicht, statt sich zu differenzieren.

2
Wenn Journalismus die sozialen Medien nachahmt

Journalismus ist da, zu informieren und damit Geld zu verdienen. Aber er verdient je länger, desto schlechter. Viele Medien wollen ihre Einbußen wettmachen, indem sie schriller auftreten. Die Überschriften werden reißerischer, die Anmoderationen aufdringlicher, Texte und Videos halten die Spannung künstlich hoch, öfter ist die Auswahl der Themen mehr kommerziell als essenziell.

Doch die mediale Überspanntheit nervt. Kleiden Redaktionen auch Banales und Belangloses in dramatische Worte, erschlafft peu à peu das Interesse. Viel Lärm um fast nichts – die Marktschreierei verprellt die auf Substanz bedachten Nutzerinnen und Nutzer. Sie ziehen das Nüchterne und in beunruhigenden Zeiten das Ruhigere vor. Bewusst oder unbewusst errichten sie Dämme gegen die Reizüberflutung. Der andere Teil des Publikums aber ist dermaßen daran gewöhnt, mit Pseudosensationen angefixt zu werden, dass Redaktionen die Suchtdosis steigern müssen. Maßlosigkeit wird zum strukturellen Merkmal, wie in den sozialen Medien. Solche Logik des Exzesses verfolgt karikaturhaft der Entblößungsjournalismus: Er verwertet B- und C-Promis, die mangels Begabung durch ihren Exhibitionismus auffallen, so wie auf Instagram & Co. die Selbstdarstellung zum Geschäftsmodell der Plattform wie ihrer Influencerinnen und Nutzer gehört. Der Journalismus als Fortsetzung der sozialen Medien mit denselben Mitteln? Noch ist das nicht die Regel, aber auch nicht länger die Ausnahme.

Bedrängte Verlage stellen ihren Journalismus auf volle Lautstärke. Nach dem Muster der sozialen Medien steigt ein Festival des Absoluten und Definitiven, jeder Beitrag hat einen Pflock einzuschlagen. Suchend die Wirklichkeit zu ertasten ist nicht vorgesehen. Die Nuance weicht dem ersten Gebot der Aufmerksamkeitsökonomie: Klotzen statt kleckern. Ähnlich wie etwa auf X bleibt wenig Raum für Grautöne, die der Wirklichkeit näher kommen als das mediale Schwarzweiß. Subtilität und der Kontext, der eine Information erst ausmacht, sind hinderlich. Es fehlen der Platz und der Sinn für Ambiguitäten, so wie in sozialen Medien das *Single-issue*-Denken überwiegt, das auch die Ein-Thema-Protestbewegungen kennzeichnet. Auf YouTube können die Nutzerinnen und Nutzer »liken« (Daumen hoch) oder »disliken« (Daumen runter), auf der Kontaktplattform Tinder nach rechts oder nach links »swipen« und damit ein Date anbahnen bzw. ablehnen. Das Binäre der digitalen Welt – deren Computer alles auf die Ziffern 0 und 1 herunterbrechen – überträgt sich auf den Journalismus.

Wo Pfadabhängigkeiten und Zielkonflikte die Politik beherrschen, der Zweifel die Debatte antreibt, Ambivalenz einen guten Roman ausmacht, da neigen Teile des Journalismus dazu, jede Überschrift scharfzustellen, alles Vielschichtige in eine Schublade zu quetschen: ins realpolitische oder moralische, sachliche oder emotionale, altvordere oder »woke«, rechte oder linke Töpfchen beziehungsweise Kröpfchen zu legen, als ließe sich die Welt immer klar einteilen. Journalismus müsse »dem Druck in den sozialen Medien standhalten«, umriss der langjährige WDR-Intendant Tom Buhrow das Ungleichgewicht der Kräfte.[1]

Chefredakteur Google

Warum passen sich journalistische Medien den sozialen Plattformen an? Ein kompaktes Produkt *und* eine Dienstleistung – die Verlage lieferten einst beides frei Haus per Abonnement oder am Kiosk zu kaufen. In der wirtschaftlichen Blütezeit der Presse war die Zeitung ein haptisches Erzeugnis, das man täglich in Händen hielt. Doch im Zuge der Digitalisierung wechselte der Journalismus zur rein immateriellen Dienstleistung.

Ein herkömmlicher Hersteller legt seine Leistung in Gestalt einer Ware vor. Stimmen Konzept und Design, ist die Markentreue hoch. Doch auf dem Bildschirm oder Display bilden die journalistischen Beiträge kein konzeptuelles Ganzes. Statt eines gestalteten Produkts erscheint eine schlecht geordnete und teils von primitiver Werbung unterbrochene Abfolge von Artikeln,

Videos und Podcasts, wie im Feed sozialer Medien. Prominent zuoberst steht nicht unbedingt das Wichtige, sondern das Klickträchtige. Weniger das Gesamtprodukt als vielmehr der einzelne Beitrag spricht den schnellen Scroller an. Jeder Artikel steht separat für sich, muss sich allein behaupten, zumal wenn er über soziale Plattformen oder Suchmaschinen gefunden wurde. Viel geringer ist die Kundenbindung, darum bemüht sich die Redaktion unermüdlich, der Kundschaft zu gefallen – wie das jeder Dienstleister tun muss, auf den man nicht angewiesen ist.

Der Paradigmenwechsel vom handfesten Produkt zum digitalen Service änderte die Grundhaltung des Journalismus. Redaktionen sehen sich in der Pflicht, regelrecht um die Nutzerinnen und Nutzer zu buhlen. Wir werden Zeugen eines Strukturwandels der veröffentlichten Meinung – weg von der Gestaltung eines Angebots gemäß den Vorstellungen und der Fachkompetenz von Redaktionen, hin zur permanenten Ausrichtung auf die Nachfrage, nämlich anhand des fortlaufend erfassten Verhaltens der *user*. Ihre Präferenzen lassen sich von Minute zu Minute und von Absatz zu Absatz quantifizieren.

Die *total engagement minutes* – eine von den sozialen Plattformen übernommene Maßeinheit – zeigen, wie lang ein Beitrag beachtet wurde. Die *total engagement rate* gibt an, wie stark Nutzerinnen und Nutzer mit dem Beitrag interagierten, indem sie ihn likten, teilten oder kommentierten. Die alles entscheidende *con-*

version rate signalisiert, welcher Prozentsatz ein Abonnement oder wenigstens ein Probe-Abonnement abschließt, um einen Artikel hinter der Bezahlschranke zu lesen. In den sozialen Medien wiederum misst die Konversionsrate, wie viel Prozent den Link zu einem Online-Shop anklicken, also das tun, was Marketing-Strategen auszulösen versuchen. Journalistische Medien kopieren die Mechanik sozialer Medien, jeder einzelne Artikel soll Anreiz sein.

Die Daten und Grafiken, welcher Beitrag wie oft geklickt oder »konvertiert« wird, erscheinen in vielen Newsrooms der Medienhäuser auf Großbildschirmen, von jedem Schreibtisch aus einzusehen. In diesem Cockpit verfolgt die Redaktion, ob sie auf nutzerfreundlichem Kurs fährt oder leider nicht, worauf das Angebot sofort justiert wird. Oft übernimmt ein Algorithmus die Auswahl der vier, fünf Beiträge, die zuoberst stehen. »Artikel, von denen klar ist, dass sie nur sehr wenige Leute lesen werden, kann man weglassen«, befand nach wiederholtem Personalabbau in den Redaktionen Mathias Müller von Blumencron, damals publizistischer Leiter der *Tages-Anzeiger*-Gruppe (Tamedia in Zürich), zuvor Chefredakteur von *Spiegel Online* und der digitalen FAZ-Angebote.[2] Das ist das Gegenteil des Selbstverständnisses einer *Frankfurter Allgemeinen Zeitung*, in den Worten von Herausgeber Jürgen Kaube: »Wir folgen [...] dem Prinzip der homogenen Neugier, die sich auf alles erstreckt. Alles kann interessant sein.«[3]

Content-Manager haben immer öfter das Sagen, Inhalte-Optimierer, die auch zu Hause oder unterwegs auf einer Smartphone-App den Cockpit ihrer Redaktion abrufen können. Eine Chefredaktion alter Schule dachte vom Angebot her, durchaus mit Spürsinn für einen attraktiven Mix der Themen und Genres, und nicht ohne Seitenblick auf die Nachfrage. Ein Content-Manager folgt gefügig dieser Nachfrage. Er schaut bei X und Google vorbei, welche Themen gerade trenden, und richtet sich danach. Soziale Plattformen beeinflussen die journalistische Agenda. Chefredakteur Google?

Der Wettbewerb bringt Angleichung statt Unterscheidbarkeit

Auf einer Webseite, in einer Zeitung oder im Rundfunk lebt das Angebot von der Mischung aus Bewährtem und Überraschendem. Guter Journalismus ist wie der Gedankenaustausch mit einem anregenden Gegenüber. Der Gesprächsfluss ist intensiv, dann ruhig-nachdenklich, die Diskussion wechselt spielend von leicht zu ernst, oft zungenfertig, stets mit Ecken und Kanten. Denn nichts ist langweiliger, als mit jemandem zu reden, der in allem zustimmt und immer nur gefallen will. Nein – noch ermüdender wird's, wenn die Unterhaltung sich im Kreis dreht und nichts Unvermutetes bringt. Man ahnt, was kommt. Genau dafür sorgt Chefredakteur Google.

Wehe den Redaktionen, die zu gut wissen, welche Themen und Gattungen beim Publikum »ziehen«! Dann bringen sie mehr und noch mehr davon, ähnlich wie soziale Plattformen dem Gesetz der Wiederholung unterliegen. In Endlosschleifen bekräftigt die Schar der Follower fast jede Meinung des Gefolgten, und die Schar seiner Kritiker jede Kritik. Die Debatte wird reproduktiv statt produktiv.

Mutter des Stumpfsinns ist die Berechenbarkeit. Beim Variieren des Immergleichen erlahmen Redaktionen und ihr Publikum. »Die Vorzüge des Übergewichts«, »Mit ein paar Kilos mehr lebt es sich besser«, »Fett ist an und für sich kein Problem«: Derlei Überschriften sind garantiert und programmiert ein Renner. Jeder solche Artikel »generiert« *conversions*, so die Sprache und der Anspruch der Manager. Also setzen selbst Qualitätstitel auf die mediale Lebensberatung, *life coaching*. Einst baggerten Lifestyle-Magazine und der Boulevard auf diese Weise die Kundschaft an. Dann stiegen Instagram-Influencerinnen ins Beratungsgeschäft ein. Inzwischen beugen sich mehr und mehr Blätter dem Trend zum weichgespülten Betreuungsjournalismus.

So verwischt ein von den Klicks getakteter Journalismus sein Profil, er wird »soft«. Ein Gefühl der Austauschbarkeit schleicht sich ein in der raumgreifenden »Boulevardigitalisierung«. Die Bindung an ein bestimmtes Medium lockert sich erst recht. Und solche Erosion spornt die Manager an, noch öfter klickbringende Kniffe anzuwenden. Allerdings: Mag das Publikum anfänglich in jedem Medium jeden Beitrag über Sex lesen, ödet am Schluss selbst dieses Thema an. Übermäßiger Einsatz von Aufmerksamkeitssteigerungsmitteln verringert ihre Wirkung. Radikale Nachfrageorientierung mindert auf lange Frist die Nachfrage. Und schädigt das Angebot. Wöchentlich strahlt das ZDF bis zu 40 Krimis und Thriller aus, Tag und Nacht mehr vom Gleichen inklusive Wiederholungen. Da kurzfristig die Rechnung aufgeht, mehren andere kommerzielle und öffentlich-rechtliche Kanäle den Überschuss. Der deutsche Fernsehkrimiwahn ist Sinnbild paradoxer Angleichung: Wettbewerber wollen sich nicht unterscheiden, sie ahmen einander nach.

Siehe die Talkshows, eine im Vergleich kostengünstige Produktion. Man braucht ein Studio, Kameras, Gäste, die Moderatorin oder den Moderator mit einer überschaubaren Redaktion. Also bringen die ARD-Anstalten bis zu 30 Talks pro Woche. Kommt ein Gast gut an, wird er wie ein Wanderpokal herumgereicht. Der Rekordhalter 2023 war SPD-Generalsekretär Kevin Kühnert mit 18 Auftritten in den prominentesten Diskussionsrunden; der beredte Rekordstammgast des Vorjahrs, CDU-Außenpolitiker Norbert Röttgen, hatte es gar auf drei mehr gebracht.[4] Am Schluss haben fast alle Sendungen fast alle *talking heads* verwertet, gerade weil diese so routiniert auftreten.

Irgendwann verfestigt sich der Eindruck: Das Debattengewerbe hat schon jede Kulisse, jede Steh- oder Sitzordnung, jedes Ambiente, jede Dramaturgie, jedwedes

Format durchdekliniert, mit oder ohne Tisch, ohne und mit stillschweigendem Publikum, das auf ein Handzeichen des Studioleiters hin klatscht, egal, was geboten wird. Kritiker rezensieren anderntags die Aufführung, die alle Merkmale der traditionellen *commedia dell'arte* aufweist: die zur Maske geschminkten Gesichter; die typischen Figuren unter Rollenzwang; das Stegreifspiel rund um altbekannte Handlungszüge. Bei einem Sender kam die Frage auf, ob auch politische Talkshows der Abteilung Unterhaltung zugeteilt werden sollten. Dem Infotainment ist Information auch ein Alibi. Das französische »divertissement« bedeutet sowohl Unterhaltung als auch Ablenkung vom Wichtigen.

Bei dem Überangebot sorgen charismatische Gesprächsleiterinnen und -leiter für Alleinstellungsmerkmale. Im Zweifel sind sie wichtiger als die geladenen Macht- und Wissensträger. Das Talksystem hat seit den 1960er Jahren vorweggenommen, was soziale Plattformen für selbstverständlich halten: Der Inhalt hat dem Medium mehr zu dienen als das Medium dem Inhalt. Wie bei X kommt es in mancher Runde weniger auf den Gehalt der repetitiven Debatten an als vielmehr auf ihre Vehemenz, wobei eine neue Generation von Moderatorinnen und Moderatoren die Diskussionsrunden etwas zu erden und thematisch zu öffnen versucht.

»The medium is the message«, schrieb bekanntlich Marshall McLuhan 1964.[5] Wichtigste Botschaft sei das Medium selbst: Es beeinflusst die Gesellschaft stärker als die Inhalte, die es transportiert. Der kanadische Kommunikationsphilosoph drehte den Gedanken wortspielerisch und visionär weiter: »The medium is the massage«.[6] In der Tat, soziale Medien kneten, durchwirken, modellieren die sozialen Beziehungen. Sie prägen das kollektive Bewusstsein. Sie vermarkten Befindlichkeiten und Selbstbespiegelungen ihrer Nutzer. Solche Selbstreferenzialität färbt auf den Journalismus ab. Er soll die Wirklichkeit abbilden und schöpft so gern aus sich selbst – etwa wenn ein Talkmeister wie selbstverständlich die Starmoderatorin einer anderen Sendung einlädt, um worüber zu sprechen? Über Talkshows. Der Wechsel von »Anne Will« zu »Caren Miosga« war 2023 ein Riesenthema, in den Medien.

Stars, feste »Formate« und die Nutzerdaten sollen den Erfolg garantieren. Sobald Instagram eine Influencerin hypt, ist es ein Thema im TV, vice versa betreuen Fernsehgrößen ihre Fan-Gemeinde auf TikTok. Feiert das Hollywoodstarsystem einen Film, zelebrieren die vereinten sozialen und journalistischen Medien mit. Dagegen verweigert sich Journalismus zusehends den kleinen Publika. Rar werden Rezensionen über Konzerte, Aufführungen, Ausstellungen, Podien, Tagungen und Bücher. Der Kulturjournalismus entledigt sich seiner Chronistenpflicht, außer bei Deutschlandfunk, einigen ARD-Anstalten und einer Handvoll überregionaler Zeitungen. Die Lücke besetzen Webseiten wie nachtkritik.de, literaturkritik.de, 54books.de und mit breiterem Spektrum perlentaucher.de, aber auch »BookTokerinnen« wie Valentina Vapaux, einflussreiche Buchkritikerin namentlich auf TikTok, Jahrgang 2001. Was in der Vergangenheit ein Kernauftrag der Presse war, findet zusehends außerhalb derselben statt.

Das »Große Sparen« fördert buchstäblich die Provinzialisierung: Regionalmedien erheben kaum mehr den Anspruch auf eigenständige Berichterstattung über das nationale und internationale Geschehen. Sie stützen sich auf »Zentralredaktionen«, von denen sie im Paket ganze Webseiten übernehmen. Oder sie erwerben pauschal die Rechte an den Beiträgen anderer Medien und »posten« sie auf ihren Webseiten, die zur Collage von Artikeln, Videos und Podcasts disparaten Ursprungs verwildern. Diese Facebookisierung des Journalismus ist geeignet, den Unterschied zu den sozialen Plattformen weiter zu relativieren. So übernehmen Kopfblätter aus der halben Deutschschweiz, was der *Tages-Anzeiger* wiederum von der *Süddeutschen Zeitung* übernimmt, nämlich weite Teile des Angebots, ohne andere Quellenangabe als den Namen der Autorin oder des Autors.

Das brüchige Selbstbewusstsein

Dem Effizienzmaximierungsjournalismus fällt das Mannigfaltige, aber auch das Innovative zum Opfer. Bahnbrechend Neues passt in kein »Format«, denn es sucht ja seine definitive Form, es lässt sich noch nicht »visualisieren«. Und im visuellen Zeitalter wirkt der

Reflex: Kein Bild? Kein Thema. Ganz und gar Neuartiges ist zudem kompliziert, so wie einem Erstklässler die einfachste Rechnung zunächst einmal verzwickt vorkommt. Schwieriges ist nicht »medienkompatibel«, es kostet Klicks. Ausgerechnet der Journalismus, der immerzu Reformen in Politik und Wirtschaft einfordert, bewegt sich deshalb öfter auf eingefahrenen Bahnen.

Innovation ist gewiss kein Selbstzweck, denn Leserinnen, Hörer, Zuschauerinnen und Nutzer sind Gewohnheitstiere. Sie haben ihre Rituale, im Rundfunk nach dem Takt der Tageszeiten. Praktisch jedes journalistische Angebot bedarf täglicher oder wöchentlicher Treffpunkte und altgewohnter Rubriken, nicht aber der uferlosen Variation des Déjà-vu, diesem Grundmuster sozialer Medien.

Verunsicherung nährt diese Risikoscheu. In Europa sind die öffentlich-rechtlichen Medienhäuser einem politischen Sperrfeuer ausgesetzt. Viele ducken sich, was den Wagemut dämpft. Und die Verlage? Einst waren sie regelrechte Gelddruckmaschinen, heute machen digitale Plattformen den Reibach. Das zehrt am Selbstbewusstsein. Die wenigsten Verleger investieren in ihre Redaktionen, um mit vielen Eigenleistungen einen Konkurrenzvorsprung zu erringen. Denn kurzfristig zahlt sich das nicht aus; im Journalismus sind Vertrauen und Qualität nur über Jahre aufzubauen. Viele Webseiten und Zeitungen jedoch gehören nicht mehr jenen Verlegerdynastien, die auf ihre Flaggschiffe stolz waren und sie beharrlich aufriggten. Das Sagen haben oft Superreiche, die sich um der Macht und Geltung willen eigene Medien gönnen – solange die nicht übermäßig viel kosten.

Amazon-Gründer Jeff Bezos verschrieb 2023 seiner defizitären *Washington Post* einen harten Sparkurs. In Italien beherrschen Industriekonzerne die maßgeblichen Zeitungen. In Frankreich verfügt eine Oligarchie von neun branchenfremden Milliardären über 90 Prozent der privaten Medien. Privilegiert ist Deutschland; es hat selbstständige Medienhäuser, auch wenn Milliardärsfamilien die größten Gruppen Bertelsmann, Springer, Bauer, Burda und Holtzbrinck lenken. Seelenlose Bertelsmänner freilich zerschlugen ihr traditionsreiches Zeitschriftenhaus Gruner+Jahr, weil es keine Maximalrendite erzielte. Das erfreuliche Gegenbeispiel gaben die Gebrüder Holtzbrinck mit dem steten Ausbau der *Zeit* zu einer erfolgreichen Verlagsgruppe. Nach wie vor kann sich Zuwendung zu den eigenen Medien lohnen, während hemdsärmelige Entscheidungen sich rächen (wie ausgerechnet beim Holtzbrinck-Buchverlag Rowohlt, wo abrupte Wechsel in der Geschäftsführung einige der besten Autorinnen und Autoren erzürnten oder vertrieben).

Der Journalismus war ein handwerkliches Gewerbe. Seit der Digitalisierung muss er sich neu finden inmitten einer Hochtechnologiebranche. Ein Kampf mit ungleichen Spießen: Auf der einen Seite die Milliardeninvestitionen in Big-Tech-Plattformen samt künstlicher

Intelligenz, auf der anderen der chronische Abbau von Redaktionen. Da kumulieren sich die Gegensätze.

- Journalismus ist wenig interaktiv – die sozialen sind dialogische Medien, in denen sich mancher Zeitgenosse wertgeschätzt fühlt, da er seine Meinung darlegen darf.
- Der Journalistenberuf lebt davon, einen Wissensvorsprung zu erwerben und zu vermarkten, was Wutbürger als Arroganz empfinden – in sozialen Medien bewegt sich der Nutzer unter seinesgleichen.
- Journalismus ist an sich auch zum Stören da – das Posten dagegen ist oft Selbstbestätigung: Ich X-e, also bin ich.
- Der Journalismus hat Kriterien – den Algorithmen sozialer Medien ist der blödeste Inhalt recht.

So zieht es den Schwächeren ins Fahrwasser des Stärkeren. Journalismus müsse die Aufmerksamkeitsgesetze sozialer Plattformen befolgen, glauben Content-Manager. Sie amputieren Seele und Maßstäbe der Redaktionen. Denn es zermürbt auch resiliente Journalisten und Journalistinnen, in der Logik und Algorithmik der Plattformen arbeiten zu müssen.

Die digitale Revolution erfasste den Journalismus als eines der allerersten Metiers. Sie veränderte dessen Sein und Selbstbewusstsein. Laut einer Forsa-Umfrage schrieben 2023 nur noch 31 Prozent der befragten Deutschen diesem Beruf hohes Ansehen zu, 2007 waren es 47 Prozent gewesen.[7] Die Gehälter entwickeln sich schlechter als in der Gesamtwirtschaft. So zynisch es klingt: Dazu trug der Umstand bei, dass sich Journalismus zum »Frauenberuf« entwickelt, sprich schlechter entlohnt wird. Der Netto-Monatsverdienst aller hauptberuflichen Journalistinnen (2058 Euro) und Journalisten (2510 Euro) sank von 2015 bis 2020 um 500 Euro, jüngere Zahlen fehlen.[8] Gleichstellung wird in Zeitungsspalten und Webseiten großgeschrieben, in den Verlagen kleiner, obwohl Frauen die Trägerinnen der Lesekultur sind. Bei den neun wichtigsten deutschen Zeitungen und Magazinen liegt der nach Hierarchieebenen gewichtete (und in letzter Zeit rückläufige) »Frauenmachtanteil« unter 40 Prozent oder bei 35 Prozent ohne die *taz* mit ihren zwei Dritteln Chefinnen.[9]

Ein stolzer Beruf, ausgeübt von datengesteuerten *content providern* (Inhaltebesorgern) mit sinkendem Status und Gehalt, die das Monopol als *gatekeeper* (Türhüter) verloren haben, Jahr für Jahr Sparrunden absolvieren, teils durch KI ersetzt werden, sich an der Agenda der sozialen Medien ausrichten und von Trollen »gehatet« werden? Nach wie vor gibt es die Berufsehre, Glanzleistungen, redaktionelle Solidität und jenes Wissenwollen, das weit mehr ist als Neugierde – nämlich eine Grundhaltung, ein Lebensstil, das Prinzip Trotzdem. Doch in der neuen medialen Ökonomie erleidet der Journalismus einen Schwund, der seinem Selbstbild zusetzt.

Journalismus, ein Verlustgeschäft

Seit den 1990er Jahren zerfranst das alte Geschäftsmodell. Niemand findet ein neues und ergiebiges. Journalistinnen und Journalisten arbeiten in einer Krisenbranche, in der es nie aufwärtsgeht, so wie Europas Textilindustrie in der zweiten Hälfte des 20. Jahrhunderts einzig den Abstieg kannte. Da sind Redaktionen, deren Etat seit drei Jahrzehnten schrumpft, trotz Bestleistungen. Das schreckt ab. Unaufhaltsam der Aderlass von Profis, die zu PR-Agenturen, Pressestellen, Denkfabriken oder Stiftungen wechseln. Hochbegabten Nachwuchs zieht es öfter in hoffnungsvolle Start-ups als in bedrückte oder verzweifelt zweckoptimistische Medienhäuser. Studierte und Nichtstudierte überlegen es sich drei Mal, einen Beruf zu ergreifen, auf den Abgesänge angestimmt werden: als Angestellte von Verlagen, deren Strategie sich oft im Sparen erschöpft; für Arbeitgeber, deren Zahl im Zuge der Medienkonzentration sinkt. Übrig bleibt in Deutschland gerade einmal ein Dutzend Konzerne und Verlage, was die Mobilität innerhalb der Branche verringert. Der Talentschwund schwächt das Angebot.

Seit dem 19. Jahrhundert hatten ganz wesentlich die Einnahmen aus Kleinanzeigen und Werbung die journalistische Arbeit finanziert. Die Annoncen für offene Stellen, Häuser, Wohnungen, Gebrauchtwagen oder Liebschaften waren das finanzielle Rückgrat der Presse. »Journalisten schreiben auf der Rückseite der Anzeigenseiten«, frotzelten Verlagsmanager, denen die einträgliche Reklame näher lag als die kostspielige und liederliche Redaktion. Nicht selten war der Anzeigenteil größer als der redaktionelle. Verleger wurden steinreich, zumal sie wenig nationale und kaum internationale Konkurrenz zu fürchten hatten.

Doch nun hat der Journalismus seinen Kollateralnutzen als Werbeträger verwirkt. Die Kleinanzeigen wanderten in Online-Märkte ab. Ebenso verlagerte sich viel Werbung für Produkte und Marken ins Internet. Globale Plattformen sammeln unendlich mehr Verhaltensdaten der Nutzerinnen und Nutzer als die Medien des Nationalstaats. Sie kennen Präferenzen und Kaufkraft der Individuen genauer. Auf digitalen Plattformen erreicht eine Werbebotschaft treffsicher das Zielpublikum. Dagegen gilt für Zeitungsanzeigen der Spruch alter Werbeprofis: »Die Hälfte des Werbegelds werfe ich zum Fenster hinaus, nur weiß ich nicht, welche Hälfte.« Massenmedien verstehen sich auf die breite Masse, eben nicht auf die individualisierte Ansprache.

Der Anteil von Alphabet (Google, YouTube) und Meta (Facebook, Instagram, Thread) am Online-Werbemarkt dürfte zusammen bei rund 50 Prozent liegen, in Nordamerika darunter, in Europa darüber. Google ist umso mächtiger, als der Konzern durch Zukäufe die *ad tech* kontrolliert, die komplexe Werbetechnologie, ohne die keine Online-Kampagne auskommt.

In den einträglichsten Zeiten der Presse machten Kleinanzeigen und Werbung zwei Drittel der Erlöse aus, ein Drittel brachten die Abonnements. Nunmehr muss und darf der Journalismus fast sein ganzes Geld selbst verdienen. Auf sich allein gestellt, sollte er relevanter, substanzieller, interessanter werden, um mehr Nutzerinnen und Nutzer von einem Digital-Abo zu überzeugen. Das Gegenteil ist der Fall, außer bei einer Handvoll Qualitätsmedien.

Als abzusehen war, dass Journalismus zum Verlustgeschäft würde, veräußerte der Axel-Springer-Konzern den Großteil seiner herkömmlichen Publikationen, außer dem Schlachtschiff *Bild*, das immer schlechter fährt, und dem Flaggschiff *Welt*, das zum Kanonenboot umgerüstet wurde und gegen die »progressiven Milieus« schießt. Ist solcher Kulturkampf eine lohnende Strategie im Existenzkampf? Nicht für die *Welt*, sie verprellt mehr Leser, als sie gewinnt.

Anders die *Neue Zürcher Zeitung*, die gleichsam als Labor für ein neues rechtes Geschäftsmodell fungiert. Das Blatt baut die (von jeglichem »Linksliberalismus« gesäuberte) Hauptredaktion aus. Es verbindet seine hohe analytische und außenpolitische Substanz mit einem Begriffsbombardement gegen die »Woken«, »Volkserzieher«, »Sittenwächter«, »Moralprediger« und »verlogenen« Gutmenschen. Dieses Organ des Schweizer Establishments legt in der Bundesrepublik zu, indem es als Kampfblatt mit der Neuen Rechten flirtet: »Remigration? Ja, aber richtig«.[10] Die NZZ greift pauschal die »Altparteien« an und das Vokabular der AfD auf, hält aber zu ihr eine Vorsichtsdistanz. »Populismus wirkt«:

Das einstige Leibblatt Konrad Adenauers zollt den Demagogen kritisch-wohlwollend Respekt, während es den angesagten Grünen-Hass kultiviert – Feindbildpflege als Wachstumsmodell. Den in den USA längst erfolgten Schulterschluss vieler Wirtschaftsführer und Rechtsautoritärer nimmt in Europa diese Zeitung vorweg. Sie schlägt die (in der Schweiz vielbefahrene) Brücke zwischen Konservativen und Reaktionären, zwischen neoliberalen und nationalistischen Kritikern der »europäischen Regulierungswut«. Die NZZ ist in dieser Hinsicht der Indikator eines politisch-medialen Trends, der sich in der Schweizer Medienlandschaft bereits durchgesetzt hat: Je stärker der Populismus, als desto unbedenklicher hat er zu gelten. Laut NZZ ist Putin gefährlich, die Putin-Freunde von der AfD sind aber gut brauchbar und sollten nach und nach in die deutsche Politik einbezogen werden. Ein Spagat? Eine Marktlücke.

Am nachhaltigsten behaupten sich globale Qualitätsmedien, die ein zahlungskräftiges Publikum ansprechen, darunter viele Entscheidungsträgerinnen und -träger. Sie sind bereit und fähig, für gute Information ordentlich Geld auszugeben. Die besten Voraussetzungen haben Titel wie die *New York Times*, Murdochs *Wall Street Journal* oder die *Financial Times*, die in ihrer Weltsprache den Weltmarkt bedienen. Die FT hatte als Erste radikal umgesteuert, sie definiert sich seit Jahren als Online-Angebot mit dem Nebenprodukt Zeitung.

Gut fahren die britische Zeitschrift *The Economist* oder die *Zeit*. Anspruchsvolle Wochentitel profitieren vom *Lean-back*-Ritual am Wochenende, wenn Leserinnen und Leser ein gedrucktes Blatt in die Hand nehmen, sich zurücklehnen und darin vertiefen. So bleibt diese Gattung attraktiv für die Werbebranche, wobei die Pandemie zur elektronischen Lektüre einlud und die »papierenen« Verkäufe drückte.

Das andere Ritual jedoch ist Vergangenheit, als man zur Morgenstunde mit Frühstück und Drei-Minuten-Ei seine Tageszeitung genoss. Man tankte sich mit Informationen voll, da man im Büro tagsüber *out of news* blieb. Medien, die aus einer Tageszeitung hervorgehen, durchleben besonders harte Zeiten. Vergleichsweise halten sie sich besser, wenn sie wie die *Frankfurter Allgemeine* den langen Atem, die Risikofreude und die nötigen Reserven haben, immer wieder in die Redaktion zu investieren; die FAZ gehört zu rund 94 Prozent der FAZIT-Stiftung, die langfristig optimiert, und zu rund sechs Prozent ihren vier Herausgebern, die für den Vorrang des Journalismus vor dem Kommerziellen einstehen.

Den Regionalzeitungen fürs breite Publikum gelingt die digitale Wende viel mühevoller. Die überalterte Leserschaft des gedruckten Blatts stirbt buchstäblich aus. Jüngere Menschen abonnieren leichthin Netflix, aber nur zögerlich ein journalistisches Medium. Mancherorts erweist sich der Boom der digitalen Zeitungsabos als Strohfeuer. Denn News sind online allenthalben umsonst zu haben. Events in der eigenen Ortschaft bewirbt der Veranstalter in den sozialen Medien. Journalismus scheint vielen Zeitgenossen nicht mehr unerlässlich.

Überdies wird die Verlagswelt noch immer von dem Fehler eingeholt, den sie zu Beginn der Internet-Ära beging. Um mit ihren brandneuen Webseiten schnell Marktanteile zu erobern, stellten Verleger vor allem im deutschsprachigen Raum weite Teile des Angebots gratis ins Netz, als würde ein Einzelhändler sein Sortiment verschenken. Mit dieser zwar gängigen, aber anfangs ungezügelten Strategie nährten sie die Gratis-Illusion, von der die Plattformen profitieren: dass das Internet eine Welt für sich sei, in der nichts einen Wert habe und schon gar nicht der Journalismus – keinen ökonomischen und dann auch keinen demokratischen Wert.

Im übrigen Westeuropa setzten sich Bezahlschranken und digitale Abonnements schneller durch, unbeschadet der informativen Apps und Webseiten öffentlich-rechtlicher Medienhäuser. Immerhin wehrten sich die deutschen Verlage gegen kostenlose private Tageszeitungen, die in Österreich und der Eidgenossenschaft viel Platz einnehmen. Zwei der vier Schweizer Großverlage betreiben Gratis-Medien. Sie kannibalisieren ihre Bezahlmedien. Und zürnen trotzdem dem »kostenlosen«, das heißt beitragsfinanzierten Online-Angebot der Schweizerischen Radio- und Fernsehgesellschaft SRG (deren Generaldirektor der Schreibende war, weshalb er als befangen zu gelten hat, so wie umgekehrt die Berichterstattung privater Medien über die

Öffentlich-Rechtlichen zuweilen als subjektiv wahrgenommen wird).

Der Zielkonflikt zwischen dem elementaren Auftrag öffentlicher Medienhäuser, mit guten Informationen alle Menschen im Land zu erreichen, und einer angemessenen Rücksicht auf private Anbieter lässt sich bei dem rasanten Medienwandel nur über provisorische Kompromisse dämpfen. Ohnehin ist dieses Streitthema hochemotional, jedoch weniger bedeutsam, als es scheint. In den USA erreicht das karge Online-Angebot des *public service* wenige Menschen, aber die US-amerikanische Presse steckt in einer noch tieferen Krise als die europäische. Die Öffentlich-Rechtlichen zu schwächen stärkt nicht wirklich die kommerziellen Anbieter. Das Grundübel ist der Wegfall ihres Geschäftsmodells, der an der wirtschaftlichen und dann eben auch journalistischen Substanz zehrt.

»Bermuda-Dreieck« des Journalismus

Ist die Presse noch eine Institution? Sie ist seltener der Hauptort des Geschehens. Ob Ministerin oder Parteivorsitzender, Forscherin oder Star, Denkfabrik oder Hochschule, NGO oder Konzern: Alle wenden sich direkt an das Publikum mit ihren Posts, Blogs, Podcasts und Webseiten. Sie äußern sich an den Redaktionen vorbei, die berichten, was auf sozialen Plattformen zu scrollen war.

Und: Je kleiner der Screen, desto kürzer die Aufmerksamkeitsspanne. Vor der Kinoleinwand ist der Mensch konzentrierter als vor dem Fernsehbildschirm, der zum Zappen einlädt. Und vor dem Handy-Display, das er am meisten nutzt, versinkt er weniger in den Lesestoff als vielmehr in den Wellengang des Surfens. Wo Redaktionen im Viertelstundentakt neue Artikel, Videos und Podcasts aufschalten, sinkt ohnehin deren Stellenwert, so wie in sozialen Medien der einzelne Post in der Flut verschwindet.

Im Bundeskanzleramt haben Angela Merkel und dann Olaf Scholz öfter zu verstehen gegeben, dass sie die Schar der »Journis« nicht einmal ignorier(t)en. Ähnlich 2017 in Frankreich der Präsidentschaftskandidat Emmanuel Macron. Der damalige Outsider setzte im Wahlkampf auf Twitter (heute X) und Facebook, um seinen Weg in den Elysée-Palast zu ebnen. Seit Macron dort einzog, mied er die »Leitmedien«, die nicht mehr wirklich leiten. Politikern rechtsaußen ist der Hohn auf Journalisten sowieso ein Kampfmittel. Wie Donald Trump den Nachrichtensender CNN und die *New York Times* methodisch als Fake News abtat, setzte eine Zäsur: Überflüssig sei die »Journaille«, selbst die weltbeste.

So stößt der Journalismus nicht selten ins Leere – viele Klicks, wenig Nachhall. Oft schreiben Redakteurinnen, drehen Videoreporter, sprechen Radioleute ins Vakuum hinein. So wie in der nördlichen Karibik Boote und Schiffe angeblich spurlos im »Bermuda-Dreieck« sanken, verschwindet vieles im digitalen Schlund. Großartige Essays verpuffen, als wären sie ungeschrieben. Eindrucksvolle Reportagen nähren eher ausnahmsweise das Gespräch im Freundeskreis. Interviews sind Meterware.

Lärm erfüllt einerseits den öffentlichen Raum. Andererseits fragmentiert sich dieser Raum zu einem Gewirr vieler Kleinräume, das wirkt schalldämpfend. Journalismus verliert an Kraft ausgerechnet in Zeiten, in denen eine Lawine der Desinformation rollt und Shitstorms tosen. Allein im vierten Quartal 2023 zum Beispiel musste Facebook 691 Millionen Fake-Profile entfernen und dazu eine unermessliche Menge Unrat: Gefährdung und Missbrauch von Kindern (18,1 Millionen Posts), Gewalt und Aufrufe zur Gewalt (8,2 Millionen), Belästigung (7,7 Millionen), Terror-Propaganda und Hassrede (insgesamt 22,2 Millionen).[11]

Einbuße an Aufmerksamkeit, Imperialismus sozialer Medien, Mindereinnahmen, Braindrain – alle vier Trends beirren Verleger und Redaktionen. Wer an den Rand gerät, kann in Versuchung geraten, sich einzuschmeicheln oder aufzudrängen. Wer Kränkungen erfährt, wird laut. Als seien die Dezibel das Maß des Journalismus, erhebt er seine Stimme, die trotzdem weniger Gehör findet.

Redaktionen sollten sich »mit den Agenten der Aufregungsbewirtschaftung, mit den Taktgebern des Empörungsrhythmus« nicht gemein machen, mahnte Frank-Walter Steinmeier. Der deutsche Bundespräsident beschwor 2023 in einer Rede zum 100. Geburtstag des *Spiegel*-Gründers Rudolf Augstein die in Hamburg versammelte Journalistengemeinde: »Bleiben Sie unterscheidbar von den sozialen Medien! Bleiben Sie unterscheidbar auch in Sprache und Tonlage. Erliegen Sie nicht der Versuchung, sich die Kultur der Daueremporung zu eigen zu machen.«[12]

Bereits 2016 geißelte *Zeit*-Chefredakteur Giovanni di Lorenzo in einer Rede in Dresden den journalistischen Hang zum Brandmarken von Lappalien, die Nulltoleranz für Bagatellen: »Die ständige Skandalisierung auch aus nichtigem Anlass entpolitisiert auf Dauer Gesellschaften. Sie stößt mehr ab, als dass sie Bindung zum Medium aufbaut. Vor allem aber: Sie verwischt zunehmend den Unterschied zwischen Wichtigem und Unwichtigem, sie führt zur fatalistischen Grundhaltung ›Es ist alles schlecht‹.«[13]

3
Mehr Medien, weniger Journalismus

Journalismus ist zunächst nichts anderes als Informationen suchen, prüfen, überprüfen, analysieren, einordnen, gewichten, auslesen, darstellen, erklären, eventuell kommentieren und bei Bedarf aktualisieren oder berichtigen. Das sind die zwölf Teilschritte einer seriösen Verarbeitung von Informationen. Die Arbeit ist umso anspruchsvoller, als sie binnen kurzer Frist verrichtet werden muss.

Erste Aufgabe ist das Suchen, Nachforschen, auf das Recherchieren kommt es an. Genau diese Funktion vernachlässigen manche Medien. Sie begnügen sich damit, allgemein erhältliche oder leicht zugängliche Meldungen attraktiv aufzubereiten, den Zustrom von Aktualitäten zu bewirtschaften. Warum aufwändig Informationen suchen, wenn sie in Hülle und Fülle vorliegen? News sind im Netz ja gratis zu haben, ein kostenloser Rohstoff. Eine wertlose Ware?

Aufschlussreich ist der Wortwandel im Medienjargon. An die Stelle der wirklichen und im Grunde eher seltenen »Nachrichten« – nach denen man sich richtet – traten die »News«, die minütlich in die Medienmaschine eingespeist werden. News bergen an sich wenig Neues, außer es handelt sich um »Breaking News«: Eilmeldungen von solcher Wichtigkeit, dass sie den Informationsfluss »durchbrechen«. Wobei manche Redaktion auch ganz Normales zur Breaking News hochstilisiert, um Aufmerksamkeit zu erheischen.

Die inflationären News wiederum zählen zum »Content«, zu den Inhalten mit oft sehr dünnem Gehalt. Alles ist Content, vielerlei taugt als Nachschub für den Medienbetrieb: schnelle Influencer-Videos und glänzende Leitartikel, bezahlte PR-Texte (diskret markiert als *paid content*) und akribisch recherchierte Enthüllungen zum Beispiel von Correctiv, Fakten und Fiktion, Substanz oder Klatsch, Seriöses wie Fragliches. Mit Content-Management-Software verwalten Redaktionen die permanente Zufuhr.

Wer eine Botschaft hat, braucht ein Medium. Stärker noch benötigt jedes Medium Botschaften, Stoff. Überspitzt formuliert gibt es mehr Medien, als Inhalte zu verbreiten wären. Also giert der Medienbetrieb nach Content. Das Wort verrät, dass Inhalte Gebrauchs- und Verbrauchsmaterial sind. Die Botschaft als Material, der Journalismus als Materialbeschaffung – dem Selbstgefühl tut diese Entwicklung eine Schmach an. Redakteure und Reporter mutieren zu »Inhaltebesorgern«: *Content Provider* ist ein funktionaler, kalter Begriff. Es ist das Paradox der Wissensgesellschaft, dass sie zwei Hauptberufe der Wissensvermittlung herunterstuft, Journalismus und Lehramt, deren Status tendenziell sinkt.

»Wir haben hier verdammt noch mal niemanden, der weiß, wie so eine Wärmepumpe funktioniert«, klagte 2023 vor versammelter Redaktion die *Bild*-Chefredakteurin Marion Horn ... mitten in der *Bild*-Kampagne gegen das Heizungsgesetz von Bundeswirtschaftsminister Robert Habeck.[1] Das Beleuchten aktueller Ereignisse und Entwicklungen erfordert eine rasch abrufbare Fachkompetenz in den Redaktionen, also eine Vielzahl sachkundiger Journalistinnen und Journalisten. Die wenigsten Medienhäuser können oder wollen sich das leisten. Der Behelf sind dann eben Generalisten, die sich auf die Schnelle in ein Thema einlesen.

Selten verfügen solche »Allrounder« über ein Beziehungsnetz, also wenden sie sich fast reflexartig an die im Medienbetrieb permanent gefragten und befragten, aber selten hinterfragten Expertinnen und Experten.

An der Expertitis krankt ein ausgemergelter Journalismus. Es fehlen ihm die Zeit und nicht selten der Tiefgang, ein Thema fundiert zu erörtern. Aus der Not machen Redaktionen eine Untugend: Statt umfassend zu recherchieren, interviewen sie ersatzweise eine einzelne Auskunftsperson, eine medial geübte Solostimme aus dem vielstimmigen Chor der Spezialisten. Und zu jeder gewünschten Tendenz des Beitrags lässt sich ein Experte mit dem entsprechenden Drall finden.

Je weniger Journalisten in der Redaktion, desto öfter geben sie Experten das Wort. Von den zehn wichtigsten Ökonomen gemäß dem regelmäßigen FAZ-Ranking verdanken die meisten den Spitzenplatz ihrer medialen Dauerpräsenz statt wichtigen Forschungsleistungen; auf diese Weise belohnt der Medienbetrieb die Volkswirte, die er oft zu Rate zieht.[2] Der bequeme Rückgriff auf Experten mindert sowohl das Gewicht der Medien als auch die Glaubwürdigkeit des Expertentums, erst recht wenn mediengewandte Fachleute manchmal die Sensationslust ihrer Interviewer bedienen und kühne statt abwägende Statements kundtun. Der Expertenjournalismus lässt Wissenschaftlerinnen und Spezialisten, die oft nur einen kleinen Beitrag zur Meinungsbildung leisten können, in die Rolle von Hauptdarstellern schlüpfen.

Wie ermahnte angeblich der Brite Jonathan Foster seine Journalistik-Studierenden der Universität Sheffield: »Wenn einer sagt, es regne, und ein anderer, draußen sei's trocken, ist es nicht euer Job, beide zu zitieren. Euer *fucking* Job ist es, aus dem Fenster zu schauen und herauszufinden, wer recht hat.« Dagegen mögen Systemtheoretiker und Poststrukturalisten, für die jede Realität nichts als eine Konstruktion ist, drei Einwände erheben.

Aus welchem Fenster schaut denn die Journalistin, der Journalist? Was ist ihr Blickwinkel, aus welcher Perspektive betrachten sie welche »Wirklichkeit«? Darauf zunächst eine banale Antwort: Jedes Medienhaus hat eine Vielzahl von Fenstern zur Welt. Trotz Medienkonzentration – und trotz der Anwürfe gegen den »Mainstream« – bleibt in Demokratien eine phänomenale Vielfalt der Perspektiven. Allerdings öffnen sich manche Fenster erst dann, wenn sich die Machtverhältnisse in der Gesellschaft verändern und so die Sehweise etwa von Frauen oder People of Color auch innerhalb der Redaktionen endlich Geltung erlangt. Jeder Diskurs hat zwei Ebenen: die an sich interessantere argumentative Ebene; und dahinter die oft relevantere Machtebene, die darüber bestimmt, wer zur Argumentation zugelassen wird und wer nicht. Blinde Fenster sind die wohl größte Schwäche des Journalismus, ja des journalistischen Prinzips.

Was genau nimmt die Journalistin, der Journalist in den Blick? Worüber werden sie berichten oder aber nicht berichten: über das Wetter an sich oder zum Beispiel darüber, dass sich bei Regen das Wasser auf der Straße sammelt, bei Sonne der Asphalt aufplatzt? Drei große A prägen die journalistische Auslese: Aktualität, Aufmerksamkeit und Argwohn. Ereignisse haben Vorrang vor langwierigen Entwicklungen (die in Büchern mehr Platz finden). Das Interessante ist dem Journalismus oft noch wichtiger als das Wichtige (wobei guter Journalismus das Wichtige interessant zu machen weiß). Und praktisch jede Redaktion beargwöhnt die Macht (wobei sie je nach Tendenz unterschiedlichen Machtträgern auf die Finger schaut). Wie jede Wirklichkeitskonstruktion ist auch diese unzulänglich und unterkomplex.[3] Über die Jahrhunderte hat sie sich jedoch als brauchbar erwiesen. Der Demokratie ist die journalistische Realität eher dienlicher als das »Wirklichkeitsamalgam« in den sozialen Medien.

Und was tun, wenn es weder nicht regnet noch regnet, sondern minimal nieselt? Dann reicht es nicht, bloß das Fenster aufzumachen. Die Journalistin oder der Journalist müssen nach draußen, um dieses Faktum zu ermitteln. Fakten sind der Stoff des Journalismus, nicht »die« Wahrheit. Oft titeln Boulevardmedien »Die Wahrheit über …«, dabei bringen sie ein paar Fakten mehr als bisher bekannt. Fakten – möglichst viele – sind eine notwendige Voraussetzung der Wahrheitsfähigkeit, wenn auch nicht immer eine hinreichende. Faktenfreie Argumentationen gibt es zwar zuhauf, in der Öffentlichkeit haben sie manchmal Gewicht, aber keine Suffizienz. Auf die Länge leben wir in einer Tatsachenwelt, so unphilosophisch das klingt.

Wer einfach nur Zitat und Gegenzitat gegenüberstellt, setzt oft eine Tatsachenfeststellung und eine leere Behauptung gleich. Dann kommt es zum Nebeneinander des Fundierten und Nebulösen. Mit falscher Ausgewogenheit (*false balance*) adelt ausgerechnet der Journalismus »alternative Fakten«, die nichts anderes als faktenferne Behauptungen sind.

Seriöser als das Aneinanderreihen von Zitaten verschiedener Gewährsleute war in den Wirren des Zweiten Golfkriegs und des Irakkriegs die Standard-Antwort des Bagdad-Korrespondenten Ulrich Tilgner auf so manche Frage der Fernsehmoderatoren: »Ich weiß es nicht.«

Warnung vor Experten, die immerzu eine Antwort haben! Doch die Expertenindustrie boomt namentlich auf dem Wachstumsmarkt der medialen Lebensberatung. Dieselben Redaktionen, die sich über den angeblichen Trend zur »Volkserziehung« durch grüne Politiker, Gesundheitsämter und die »Wokeness« empören, überschütten das Publikum mit Ratschlägen: »Wie lüfte ich mein Badezimmer?«, »Soll man Sport treiben, wenn man erkältet ist?«, »Darf ich meinen Kindern ein Haustier verbieten?«, »Muss ich die Freundin meines Vaters akzeptieren?«. Gleich antwortet der Spengler, die Philosophin, der Fitnesstrainer, die Psychologin, der Schriftsteller, das Paarberatungspaar, welches sich bald danach scheiden lässt, oder irgendein medialer Beistand, der knackige Statements bietet und für sein jüngstes Buch wirbt. Der Unterweisungsjournalismus dehnt sich bis in Qualitätsmedien aus. Denn guter Rat ist nicht teuer, mediale Seelsorge besonders preiswert. Und das *life coaching* bringt Leserinnen und Leser ... deren Mehrheit aber das Probeabonnement nicht verlängert, zumal defizitäre Verlage Jahr für Jahr den Preis erhöhen (müssen).

Auf Schritt und Tritt wird der Mensch gecoacht in Sachen Body, Muskelaufbau, Bewegung, Sport, Gesundheit, gutes Altern, Ernährung, Diät, Entspannung, Schlaf, Elternschaft, Erziehung, Familie, Freundschaft, Single-Sein, Ehekrise, Sexmuffelei, Steuern oder Gehaltsverhandlungen – lauter Evergreens. Der Publikumserfolg ist umgekehrt proportional zum Aufwand, das Kosten-Nutzen-Verhältnis stimmt, und nach jeder neuen »Studie« ist eine ganz andere Diät, ein ungekanntes Erziehungsprinzip oder ein neues Single-Dasein angesagt. Ein weites Feld, das sich dünn säen lässt.

Magerjournalismus und Ich-Journalismus

Die Redaktionen werden schmaler, während ihrerseits die Public-Relations-Agenturen wachsen. Umso leichter nehmen Letztere Einfluss. Im Auftrag ihrer Kunden setzen sie Themen auf die mediale Agenda, sie platzieren bei kleinen Medien manchmal ganze PR-Texte. Denn gehetzte Journalisten – die im Zuge der Medienkonzentration und der Sparprogramme immer mehr Blätter und Webseiten beliefern – sind empfänglicher für pfannenfertige Inhalte, zumal wenn sie umsonst zu haben sind. Wo Redaktionen »verschlankt« werden, produzieren sie magere Kost. Unter Produktionsdruck verlegt man sich auf naheliegende Themen. Viele kleine Schnellschüsse sind lohnender als ein Treffer ins Schwarze, zu dem die Journalistin oder der Journalist lang ansetzen müsste. Etwas Stress beflügelt jede Redaktion, pausenloser Lieferzwang erstickt die Neugier.

Mancher Verlag spart, indem er bewanderte Profis in Frührente schickt und dafür junge Leute anstellt, die am Berufsanfang wenig verdienen. Ihre Power und große mediale Fertigkeit können die fehlende Erfahrung nicht ganz wettmachen. Naturgemäß fehlt Nachwuchstalenten der zeithistorische Überblick über weit zurückliegende Vorläufer eines Ereignisses oder über die Grundmuster einer langsamen Entwicklung. In grauer sexistischer Vorzeit durften bei einzelnen US-Blättern nur alte (weiße) Männer Leitartikel schreiben, da selbst einem 40-Jährigen die nötige Lebenskenntnis abgehe. In einer alternden Gesellschaft ist kontrapunktisch das junge journalistische »Ich« angesagt, das sich selbst entdeckt und immer öfter entblößt.

»Geschichten, die mein Leben schrieb«: Ein neuer journalistischer »Standard« ist das Ausbeuten der eigenen Privatsphäre, zum Beispiel das Verwerten der wie so oft etwas bunten, verzwickten, kleindramatischen Familien- oder Liebesgeschichte des Redakteurs bzw. der Reporterin. Dabei wird wie in den sozialen Medien »die Unterscheidung zwischen Eigenraum und Fremdraum schwammig«, vermerkt der Psychiater Mario Gmür, Autor von *Der öffentliche Mensch*.[4] Ermuntern Redaktionen junge Journalistinnen und Journalisten, sich und ihre Angehörigen zur Schau zu stellen, grenzt es an Ausbeutung. Aufgabe der Vorgesetzten wäre es, sie zu beschützen vor der »Tyrannei der Intimität«, vor der schon 1977 der Soziologe Richard Sennett in *Verfall und Ende des öffentlichen Lebens* warnte.[5]

Der Journalist als Reporter seiner selbst. Das Intimleben als banale Sensation. Im Siegeszug der »Ich«-Beiträge wird der Berichterstatter, dem die Demut abgeht, oft so präsent wie das Thema, das er erörtert. »Ein Selbstversuch«, »Eine Introspektion«, »Meine Midlife-

Krise«, Hauptsache, man liefert Content. Im unguten Fall ist es narzisstischer Dünkel und im besten Fall eine begabte Schreibe – die beide wenig Arbeit erfordern. Bei sich selbst zu recherchieren, verringert den Zeitaufwand. Statt zu den Quellen zu gehen, ist man selbst die Quelle.

Auf Videos als empathischer »Presenter« die eigene Person ins Bild zu rücken, kann junge Zuschauerinnen und Zuschauer für ein anspruchsvolles Thema einnehmen und »mitnehmen«. Zudem erleichtert es im Beitrag den Übergang von einem Aspekt zum nächsten, weil jedes Mal der Presenter schnell die Brücke schlägt – eine effiziente Machart. Der Ich-Journalismus muss nicht billig sein, aber er ist kostengünstig. Darin liegt einer der Gründe, weshalb finanzschwache Medien den journalistischen Ego-Trip so sehr lieben, zumal wenn er konform geht mit der von dem Soziologen Andreas Reckwitz identifizierten »Gesellschaft der Singularitäten«.[6]

Inhaltebesorgungsjournalismus

Gefangen im unablässigen Newsfeed – »feed« für »Zufuhr« oder gar »Futter« –, ähnelt dieser Medienbetrieb einer Kuh, einem Wiederkäuer. Besonders aufregende News pflegt er bis zum Überdruss zu verwerten und wiederzuverwerten. »More of the same«, die Proliferation des Immergleichen. Zum Beispiel versucht die

Redaktion, eine viel geklickte Story »weiterzudrehen«, obwohl kaum Neues zu vermelden ist. Salopp formuliert, wird derselbe Salat an wechselnden Saucen angerichtet und halbfrisch aufgetischt. Zeitlose Texte, die Klickrekorde erzielten, erscheinen nach einer Anstandspause ein zweites, drittes Mal. Mehr reproduktiv als produktiv ist auch »unser zu Google entsandter Sonderkorrespondent«, frotzeln seine Kollegen über oberflächliche Internet-Recherchen. Deren Kennzeichen ist das ausgiebige Paraphrasieren anderer Medien. Per Copy-and-paste schreibt man voneinander Falschinformationen ab, bis alle daran glauben. Wiederholungen verwandeln sich in Wahrheiten.

»Diebstahl ist im Journalismus bedingt erlaubt«, lautet der nur halb ironische Spruch alter Kämpen. Bringt die Konkurrenz eine aufsehenerregende Recherche, wird sie sofort aufgegriffen. Der Dortmunder Medienökonom Frank Lobigs nennt es »abkupferndes ›Kuratieren‹«.[7] Wer nach langer Nachforschung Wichtiges enthüllt, gewinnt sehr wohl an Prestige, hat aber keinen anhaltenden Vorsprung auf die Wettbewerber. Kurz nach der Veröffentlichung ist die Exklusivmeldung nicht länger exklusiv, hundert Webseiten erzählen sie nach, manchmal mithilfe von KI umgeschrieben. Umgekehrt machen etliche Medien aus solcher Not eine Tugend, sie geben von vornherein die Exklusivität preis. Um breit zitiert zu werden, veröffentlichen sie vorab die Kernpunkte großer Recherchen oder brisante Interview-Auszüge, noch bevor diese erschienen sind.

Besonders flinke Inhaltebesorger saugen sich ihre Artikel aus den Fingern. »Zehn Gründe, auf eine Scheidungsmesse zu gehen«, »Sieben Gründe, Champagner zu trinken«, »Fünf Gründe, warum der deutsche Bierkonsum nervt«: Solche *listicles* (eine Wortkreuzung aus »list« und »article«) sind Schnellgerichte. »Die zehn besten Monarchien«, »Die fünf schlimmsten Frisuren«, derlei Rankings werden ebenfalls im Schnellkochtopf gegart.

Infotainment camoufliert eine strukturelle Überforderung. Wer mangels Zeit viel heiße Luft bietet, will sie wenigstens attraktiv verpacken. Die gefällige Form und das feste »Format« erleichtern es dem Inhaltebesorger, dünnen und trotzdem verkäuflichen Content zu liefern. Da zeichnet ein Wirtschaftsjournalist mit viel *human touch* ein psychologisierendes Porträt der Topmanagerin, weil ihm das finanzanalytische Know-how für das Durchleuchten der Konzernbilanz abgeht. Da sitzt echt lässig der unvorbereitete Redakteur, der einer Politikerin saloppe statt präzise Fragen stellt, um den Anschein eines kritischen Interviews zu wahren, auch wenn er nicht sachverständig genug ist nachzuhaken. Oder da ersetzt ein *Human-touch*-Porträt der Schriftstellerin die eingehende Rezension ihres Romans. Und brilliert eine Edelfeder, der anhand einer Audienz bei einem Hollywoodstar eine »Reportage« gelingt, ohne weitere Feldrecherche als in der Lobby des Fünf-Sterne-Hotels, in dem die Filmgröße im Halbstundentakt Presseleute umgarnt. Instant-Einfühlsamkeit ersetzt die journalistische Neugierde, die mehr erfahren will als das vom Star und seiner Pressesprecherin feingesponnene Narrativ. Karikaturhaft erlangte der Fälscher Claas Relotius als freier Journalist und dann als *Spiegel*-Reporter eine Meisterschaft darin, Seifenblasen in atmosphärische Storys einzuwickeln.

Dass Journalismus auf dem Wellenkamm surft und es ihm – manchmal sogar wohltuend – an Tiefgang fehlt, ist nichts Neues. Dieser Beruf unterwirft sich der lustvollen Tyrannei des Augenblicks, auf seine Art befolgt er das Motto carpe diem, pflücke und zerpflücke den Tag. Als 1999 das rot-grüne Bundeskabinett nach seinem ersten Halbjahr eine denkbar schlechte Figur machte, kam die *Zeit*-Redaktionskonferenz in Stimmung, einen gesalzenen Leitartikel einzuplanen. Doch mahnte mit dem ganz anderen Zeitgefühl einer 90-Jährigen die Herausgeberin Marion Gräfin Dönhoff: »Kinder, ihr bildet euch zu schnell die Meinung. Ich würde noch drei Jahre warten.« Diese Haltung war das radikale Gegenstück zu jenem Journalismus, der gleich eine These hinschreibt, da er zu wissen meint, was er herausfände, wenn er recherchierte. Zum Schnelldurchgang durch Aktualität und Komplexität neigt jede Redaktion, *déformation professionelle*. Der Produktionsdruck führt sie erst recht in Versuchung.

Zwar lehrt die Erfahrung: Ein Telefonat mehr, um sich zu erkundigen, und schon kann jede Sachlage anders aussehen. Aber in der kostenminimierten Praxis *à la minute* gilt: zwei, drei Telefonate weniger. Thesenjournalismus betäubt das schlechte Gewissen, es nicht so ganz zu wissen – denn die These ist so einleuchtend … Das Gefährliche am Schreiben sei, dass man sich dabei selbst überzeuge, sagt Constantin Seibt, Mitgründer des Schweizer Online-Magazins *Republik*. Riskant ist auch die Schönschreibe. Sie erleichtert es, Wissenslücken zu überspielen. Zu den besten Investigativreportern zählen unbeholfene Stilisten; sie müssen die gesamten Umstände eines Falls aufarbeiten, da sie keine Meister des eleganten Kaschierens von Unkenntnis sind, keine Virtuosen der Ellipse. Gern arbeiten sie im Tandem mit einem sprachmächtigen Erzähler.

Investigativjournalismus

Investigativer Journalismus kostet viel Zeit, viel Geld, und großangelegte Recherchen können immer mal ins Leere laufen – die Arbeit war vergebens. Für kleinere Redaktionen ein zu hohes Risiko, zumal wenn Enthüllungen aufwändige Gerichtsverfahren nach sich ziehen. So wird Investigativjournalismus zur Sache einiger überregionaler Medien, die sich den Aufwand leisten und eigens ein Ressort für Großrecherchen eingerichtet haben.

Angesehen ist der Rechercheverbund, zu dem sich die *Süddeutsche* und die ARD-Anstalten NDR und WDR zusammengeschlossen haben. Ihrerseits haben das ZDF, *Der Spiegel* und weitere Medien einen Teil der internationalen Recherchen ausgelagert, sie arbeiten mit der privaten Firma Paper trail media GmbH zusammen. Das Münchner Unternehmen gründeten zwei frühere Top-Rechercheure der SZ, Frederik Obermaier und Bastian Obermayer. Im Sumpf von Korruption, in dem Österreich versinkt, ist die Wiener Wochenzeitung *Falter* eine investigative Institution. Der *Tages-Anzeiger* in Zürich hat ein zehnköpfiges »Recherchedesk«, das Schweizer Radio und Fernsehen ein ähnliches Team »SRF Investigativ«.

Es ist eine der besten Entwicklungen in der bedrängten Branche, die Digitalisierung hat dem Investigativjournalismus Schub verliehen. Um Riesenmengen an geleakten Daten auszuwerten und einzuordnen, verknüpfen sich Rechercheure mit globalen Netzwerken, denen immer wieder großangelegte Enthüllungen gelingen. Dazu zählen unter anderen das International Consortium of Investigative Journalists in Washington, das Organized Crime and Corruption Reporting Project im amerikanischen Maryland oder Forbidden Stories (Verbotene Geschichten) in Paris.

2015 stürmten zwei islamistische Terroristen die Redaktion von *Charlie Hebdo*. Die Satirezeitschrift, die in Frankreich Kult ist, hatte Mohammed-Karikaturen gedruckt. Mit ihren Kalaschnikows ermordeten die Fanatiker zwölf Menschen und verletzten weitere elf. Büronachbar im Pariser Geschäftshaus war der investigative Dokumentarfilmer Laurent Richard, der nach dem Blutbad erste Hilfe leistete. Er war traumatisiert; und nutzte produktiv seine Erschütterung. In ihm keimte die Idee eines Netzes von Journalisten, das die Arbeit ermordeter Kolleginnen und Kollegen fortführt: »Killing the journalist won't kill the story«. Man mag den Überbringer der Botschaft beseitigen, nicht seine Botschaft. Wer Rechercheure tötet, soll fürchten müssen, dass erst recht recherchiert wird.

Daraus wurde Forbidden Stories. Das Vorhaben setzte Richard 2017 um, kurz nach dem Mord an der maltesischen Journalistin Daphne Caruana Galizia. Eine Bombe hatte ihren Peugeot gesprengt, als sie Nachforschungen über Korruption anstellte, was bis in die höchsten Kreise der Insel für Nervosität sorgte. Daraufhin startete Forbidden Stories das »Daphne Project«, das einige Täter ermittelte. Und 2023 zum Beispiel brachte das Netzwerk mit Rechercheuren aus 30 Ländern die Serie »Story Killers« über die globale Desinformationsindustrie, fünf Jahre nachdem zwei Auftragsmörder die indische Journalistin Gauri Lankesh vor ihrem Haus erschossen hatten. Ihr letzter Artikel über Indiens »Lügenfabriken« erschien posthum. Seit 2002 zählte Reporter ohne Grenzen im Schnitt 80 getötete Medienleute pro Jahr – im jüngsten Gazakrieg allerdings starben mehr als 120. Und Mitte 2024 waren weltweit 575 in Haft.

Größer als Forbidden Stories ist das bereits 1997 gegründete International Consortium of Investigative Journalists, in dem 280 Rechercheure aus aller Welt mitarbeiten – fast von Anfang an etwa der spätere deutsche »Journalist des Jahres« in der Kategorie Politik, Georg Mascolo. Hinzu kommen 30 Fachleute in der Washingtoner Zentrale. Die Initiative zum Consortium ergriff damals ein zorniger Mann. Charles Lewis hatte beim US-amerikanischen TV-Sender CBS kurzerhand gekündigt, als sein Chef einen TV-Beitrag zensierte, um einen engen Freund aus der Schusslinie zu nehmen. Das Consortium brachte 2016 die »Panama Papers« ans Licht (Steuerflucht, Geldwäsche, Umgehung von Sanktionen), 2017 die »Paradise Papers« (Steuervermeidung von Konzernen, Politikern und Stars), 2020 die »Luanda Leaks« (Korruption an der Staatsspitze von Angola), 2021 die »Pandora Papers« (Steueroasen), 2022 die »Uber Files« (über das Gebaren des Fahrtenvermittlers), lauter wirkmächtige Enthüllungen.

Ein Journalismus, der transnational recherchiert, ist unerlässlich, aber auf Gönner angewiesen. Amerikanische und europäische Stiftungen, darunter die Open Society Foundations des Milliardärs George Soros und in Washington das halbstaatliche National Endowment for Democracy, unterstützen sowohl das Consortium als auch Forbidden Stories und das Organized Crime and Corruption Reporting Project. Letzteres wird zudem von den Außenministerien Großbritanniens, Frankreichs, Dänemarks und der USA sowie weiteren staatlichen Stellen gefördert – allein die amerikanische Regierung überweist jährlich gut fünf Millionen Dollar. Die UN-Kulturorganisation Unesco hilft Forbidden Stories symbolisch mit einem Kleinbetrag. Die norwegische Entwicklungsagentur Norad, die in Oslo dem Außen- und dem Klimaministerium untersteht, spendet an das Consortium. Was zum Besten zählt im Journalismus, ist auf das Geld von Staaten und Mäzenen angewiesen.

Das bekannte Netzwerk Bellingcat haben keine Medienleute initiiert. Der britische Gründer Eliot Higgins fing als Blogger an. Dieser Autodidakt spezialisierte sich auf das Auswerten und Geolokalisieren von Videos und Fotos, die auf sozialen Plattformen kursieren. Bellingcat beteuert, seine Informationen aus frei zugänglichen Quellen (Open Source) zu schöpfen, sei es bei der Rekonstruktion des Abschusses einer Boeing-Maschine der Malaysia-Airlines – Flug MH 17 – durch eine russische Rakete 2014, sei es bei der Identifizierung russischer Agenten, die Giftanschläge auf den einstigen Spion Sergej Skripal verübten oder auf den Oppositionellen Alexei Nawalny, der 2024 in sibirischer Lagerhaft umkam. Auch Bellingcat erhält Gelder von Stiftungen und der Europäischen Union. Damit unterhält es ein Netz von 150 Fachleuten, vor allem Bürgerjournalistinnen und Bürgerjournalisten, die sich ihre Kenntnisse in Workshops aneignen. Ein Stoff auf dem Lehrplan: »Wie kann ich (fast) spurlos oder anonym/unter Pseudonym recherchieren?«

Ein deutsches Solitärgewächs ist das »gemeinwohlorientierte Medienhaus« Correctiv mit Hauptsitz in Essen, das 2024 seiner Arbeit ein Glanzlicht aufsetzte. Es enthüllte das Potsdamer »Remigrations«-Treffen von AfD-Exponenten mit Identitären und bürgerlichen Reaktionären, die Millionen Menschen aus Deutschland vertreiben möchten. Einige Stiftungen, aber auch der Bund und das Land Nordrhein-Westfalen unterstützen Correctiv. Solche Fremdfinanzierung spezifischer Organisationen ist nicht unproblematisch, das unerlässliche Sponsoring von Recherchen öffnet eine Flanke.

Ohnehin stellen sich erfahrene Rechercheure die selbstkritische Frage, inwiefern ihre internationalen Netzwerke mit Datenlecks auch instrumentalisiert werden. So enthalten die oft anonym überspielten Informationen kaum je Zwielichtiges aus den Machtzentren der USA. Der Kreml tut Bellingcat, dessen Scoops Russland zusetzen, als verlängerten Arm westlicher Geheimdienste ab. Umgekehrt wurde gemutmaßt, Moskau manipuliere die (seit 2021 stillstehende) Plattform WikiLeaks. Deren Gründer Julian Assange moderierte einst eine Talkshow beim russischen Propagandasender RT, als Libertärer hatte er keine Berührungsangst gegenüber Rechtsradikalen. Assange ist von der Prägung her ein Hacker, WikiLeaks betrieb kaum je professionellen Journalismus, wahllos stellte es auch unverarbeitete Rohdaten zum Irak- und dem Afghanistankrieg ins Netz. Bald wollte ihn die US-Regierung verhaften, weil er, so die Begründung, damit Menschenleben gefährdet habe. Die Namen oder Identifikationsmerkmale bedrohter Personen – etwa afghanischer Informanten –

hatte Wikileaks nicht geschwärzt, was im Journalismus Pflicht ist. Im Juni 2024 wurde ein Deal zwischen Julian Assange und der US-Justiz erzielt: Assange bekannte sich schuldig, gegen den Espionage Act verstoßen zu haben, kam jedoch umgehend frei, weil seine Strafe aufgrund seiner Zeit in Auslieferungshaft in London als abgegolten galt. Im digitalen Zeitalter jedenfalls schaffen nicht länger allein Journalistinnen und Journalisten Transparenz.

Aber: Ohne die Investigativnetzwerke geht es nicht. Glänzende Erfolge verdankt ihnen eine Branche, die sonst viele Niederlagen einsteckt. Und im besten Fall könnten solche Netze – über den Recherchierjournalismus hinaus – eine internationale Zusammenarbeit von Redaktionen samt Austausch von Beiträgen anstoßen. Das wäre umso nützlicher, als die meisten Medien im eigenen Land und seiner Perspektive verhaftet sind, in ihrem nationalen Gehege eingepfercht bleiben.

Die Meinungsinflation

Durch die Feeds von Facebook, X und den kleineren Wettbewerbern Bluesky, Mastodon oder Threads zieht sich ein endloses, zweckloses und – bei allem Witz einzelner Posts – trostloses Kommentieren: das Kommentieren von Kommentaren, das Kommentieren der Kommentare zu Kommentaren. Viel Wind und Windiges treibt die Meinungsmühle. Manchmal entfaltet sich anhand eines fundierten Threads eine richtig gute Diskussion, öfter schleudert sie ins Bornierte, vorsätzlich Missverstandene, hochmütig Inkompetente, Hinterhältige, Hämische, Hasserfüllte. Der Jahrmarkt der Unverschämtheiten lebt vom Behagen, wieder mal die eigene Meinung gegeigt zu haben. Auffällig ist das Umschlagen von Quantität in eine ungute Qualität: Die Meinungsinflation entwertet das Meinen – es wird X-beliebig.

Daran knüpft der neue rechtspopulistische Gesinnungsjournalismus an. *Achtung, Reichelt!* heißt die »Meinungsshow« des Ex-*Bild*-Chefredakteurs Julian Reichelt, mit mehr als 500 000 Abonnenten auf YouTube und NiUS. Bis ins Detail hat er die Sendung von Tucker Carlson imitiert, einschließlich der blau-rot oder blau-gelb gestreiften Krawatte und des Einbläuens rechter Parolen. Und so klingt zum Beispiel Reichelts Litanei, wonach das Prüfen von Fakten die Demokratie zerstöre: »Faktencheck ist zur beliebtesten Methode von Zensur-Liebhabern geworden. [...] Faktenchecker checken ausschließlich, was für die Herrschenden nicht sein darf. [...] Faktenchecker sorgen dafür, dass Menschen bestraft werden, wenn sie es wagen, die Wahrheit auszusprechen. [...] Faktenchecker sind lächerlich und oft geradezu widerwärtig in ihrer zynischen Verachtung für die Wahrheit. [...] Faktenchecker sind links.«[8] Um seine Anwürfe zu belegen, genügen ihm ein paar Informationskrümel und der »gesunde Menschenverstand«.

Aus Amerika importieren europäische Rechtspopulisten den fast grenzenlosen *Free-speech*-Begriff, der auch *hate speech* zulässt; so kürzte X-Eigentümer Elon Musk die Abteilung »Vertrauen und Sicherheit« um 1200 Stellen. Doch diese Logik kollidiert mit den EU-Regeln gegen Hassrede und Desinformation im Netz, dem Digital Services Act. Dieses Europäische Gesetz über digitale Dienste gilt seit 2024 für alle Plattformen. Laut der Brüsseler Kommission beschäftigt Google (Alphabet) 24000 »Content-Moderatoren«, um die EU-Regeln einzuhalten und mithilfe von KI anstößige Posts, Fake News und Fake Konten zu löschen. X begnügt sich mit 2300 Checkern. Aber auch die ertragsarmen journalistischen Medien beschäftigen weniger *Gate Keeper*, und diese Türhüter arbeiten notgedrungen schneller und schlechter, zumal bei dem anschwellenden »Meinungsüberschuss« (Publizistik-Wissenschaftler Otfried Jarren).

Die Zahl der Meinungen ist per definitionem höher als die der Fakten, gibt es doch zu jeder Tatsache vielerlei Ansichten. Doch die Meinungsinflation degradiert nicht nur kundige Meinungen und harte Fakten, sondern unweigerlich auch die Debatte an sich. Oft nützt die Diskussion keineswegs der Vergewisserung, Erkenntnis und Lösungssuche, vielmehr dient sie einer reflexhaften Einteilung in die Kategorien »Freund« oder »Feind«. So war das Bekräftigen der Meinung, Donald Trump sei 2020 die Wiederwahl gestohlen worden, ein Erkennungszeichen der »wirklichen« Republikaner, während alle anderen RINOs seien (»republicans in name only«, nur dem Namen nach). Meinung schafft Zugehörigkeit. Wichtig ist nicht die Meinung an sich, sondern dass man sie mit Gesinnungsfreunden teilt. Sie mag Lügen gestraft worden sein, trotzdem behält sie ihren Wert als »Marker«, definitiv wie die kleinen Striche beim Covid-19-Test. Das heißt, die Meinung ändert sich nicht. Sonst würde die Gruppe zerfallen, deren Bindeglied die faktenferne Meinung ist. Aus der Gruppendynamik wird Gruppenstatik.

Das ist das Paradox sozialer Plattformen: Je mehr Meinungen, desto zementierter sind sie. Das zehrt zusätzlich an der Leuchtkraft journalistischer Leitmedien. Sie haben es schwerer, ihren Anspruch zu erfüllen, zu einer aufgeklärten Meinungsbildung beizutragen. Und wo auf den Plattformen rund um die Uhr das Meinen angesagt ist, versinken in der Flut auch die journalistischen Kommentare. Leitartikel leiten nur selten, intelligente Kolumnen laufen auf. Im Ton mancher Meinungsbeiträge schwingt eine Art resignative Nonchalance unüberhörbar mit.

Bei der Meinungsflut, die viel Faktisches fortschwemmt, erhält »Meinungsfreiheit« allmählich einen zweiten Sinn, eine andere Bedeutung: Glücklich der Zeitgenosse, der die Souveränität wahrt, nicht gleich meinen und sich auch nicht zu jedweder Meinung verhalten zu müssen. Nicht »Meinungskorridore« engen ein, sondern der Meinungszwang bis hin zur Meinungsplage. Die jeweilige Unmenge an Ansichten ist ein Gradmesser der Postfaktizität, da der Mensch allzu viel meint, wenn er allzu wenig weiß.

Carolin Amlinger und Oliver Nachtwey von der Universität Basel bringen die Meinungsinflation in ihrer soziologischen Analyse *Gekränkte Freiheit. Aspekte des libertären Autoritarismus* auf den wunden Punkt:

> Einerseits ist der Zugang zu Informationen demokratisiert, andererseits versteht man durch den Fortschritt der Wissenschaften [...] am Ende weniger von der Welt, die einen umgibt. Dennoch will man auch weiterhin ein gleichberechtigtes Subjekt im Diskurs sein, allerdings weniger mit dem eigenen Wissen als vielmehr mit der eigenen Meinung.

Was »Postfaktizität« ausmache, sei »das Pochen darauf, dass die eigene Meinung, das eigene Gefühl das gleiche Gewicht in der Bewertung einer Situation haben soll wie wissenschaftliche Evidenz«.[9]

Und sie sind nachrichtenmüde

Auch journalistische Evidenzen haben es schwer, und nicht nur bei Kritikern des »Mainstreams«. Ein Beispiel des Nichtwahrhabenwollens von Ungemach, eines unter Tausenden: Als der Rechercheur Dan McCrum in der *Financial Times* vom 15. Oktober 2019 den Wirecard-Konzern des mutmaßlichen Betrugs bezichtigte, blieben in der Bundesrepublik viele skeptisch. Wie es sich bei faktenorientierten Medien gehört, hatte die

FT umsichtig formuliert, sie verfüge über interne Dokumente, die »auf einen konzertierten Einsatz hinzudeuten scheinen, um auf betrügerische Weise Umsätze und Gewinne aufzublähen«.[10] Der Befund missfiel der deutschen Finanzaufsicht BaFin, sie ließ gegen den Londoner Redakteur ermitteln statt gegen den Münchner Konzern. Die Staatsanwaltschaft streute den Verdacht, Baisse-Spekulanten hätten Journalisten bestochen, um die Wirecard-Aktien herunterzuschreiben. Wenig später flog der größte Finanzskandal in der Geschichte der Bundesrepublik auf.

Oft jedoch enttäuscht der Journalismus, zumal wenn er sich in den Worten des einstigen ZDF-Chefredakteurs Klaus Bresser als »Wahrheitsvermittler« begreift. Die Praxis ist nicht auf der Höhe des Anspruchs. In der *Post-truth*-Ära sollten Redaktionen akribischer recherchieren, um die Macht der Fakten zu beglaubigen. Müssen sie aber mit weniger Mitteln mehr leisten, unterstehen sie dem Diktat des Flüchtigen, dem arbeitsökonomischen Gesetz der Oberflächlichkeit und der Fuzzy-Logik des Ungefähren. Die Rationalität des Medienbetriebs stiftet journalistische Irrationalität.

Das zehrt an der Glaubhaftigkeit. Die vorzügliche Studie *Reuters Institute Digital News Report 2024* ergab:[11] Binnen eines Jahrzehnts sank der Anteil der Deutschen, der den Nachrichten Vertrauen schenkt, von 68 auf 53 Prozent. Den Schwund löste nicht einzig die rechte Absage an die »Lügenpresse« aus. Der Journalismus trübt ganz von selbst sein Ansehen, wenn er mit sinkenden Ressourcen die steigende Komplexität zu bewältigen hat. Laut dem »Reuters Report« des Jahres 2023 ist es Online-Surferinnen und -Surfern weltweit ziemlich egal, ob die Auswahl der Nachrichten durch eine Redaktion oder durch Algorithmen erfolgt.[12] Kein Ruhmesblatt für *gatekeeper*.

Dabei sinkt der Sinn für die Verlässlichkeit von News. Nur gut die Hälfte der für den »Report« befragten Europäerinnen und Europäer überlegt, inwiefern eine Nachricht in sozialen Medien stimmt oder Fake sein könnte. Die Digitalisierung verkürzt die Aufmerksamkeitsspanne, erst recht bei Jugendlichen, die sich per Handy informieren. Der Mediensoziologe Mark Eisenegger hat mit dem Forschungszentrum Öffentlichkeit und Gesellschaft an der Universität Zürich diese »Smartphonisierung« untersucht. Die im Schweizer *Jahrbuch Qualität der Medien* publizierte Studie ernüchterte ihre Autoren.[13] Pro Tag nutzten die 19- bis 24-Jährigen »nur gerade 7,2 Minuten journalistische News auf ihrem Smartphone«, Männer mehr, Frauen noch weniger. Empfänglich sind sie jedoch für aufrüttelnde Themen aus ihrer Erfahrungswelt wie die Klimabewegung oder #MeToo.

2013 waren 80 Prozent der befragten Deutschen sehr interessiert an News, ein Jahrzehnt später wenig mehr als 50 Prozent – obwohl oder weil sich die Krisen ballen? Und obwohl Algorithmen das Nachrichtenangebot personalisieren oder aber weil allzu berechneter Journalismus Langeweile erzeugt?

Die mediale Wundertüte birgt mehr Kalkuliertes als Überraschendes. Mit *clickbaits* (Köder, damit Beiträge geklickt werden) und *edgelords* (Provokateure, die nur zwecks hoher Klickzahl provozieren) wird der Frust geradezu programmiert. Bald merken Nutzerinnen und Nutzer, dass aufgemotzte Beiträge nicht einlösen, was sie verheißen. Seit Jahren steigt die Anzahl der »Nachrichtenvermeider«, »Nachrichtenmüdigkeit« breitet sich aus: zwei Begriffe, die in der Kommunikationswissenschaft Karriere machen. Und so führt der *Tages-Anzeiger* die Rubrik »News-Pause«, in der er Beiträge ohne Neuigkeitswert (im Jargon ohne »News-Value«) recycelt. Der Branchendienst *kressINFO* gibt den Redaktionen »Rezepte gegen Nachrichtenmüdigkeit« an die Hand, die er auf die Überzahl negativer Meldungen zurückführt. Die *Zeit* bringt eine Titelgeschichte »Ruhe finden«, ganz gegen das eigene Unruhegewerbe. Es wächst der Überdruss an der Obsession, Nutzerinnen und Nutzer auf Trab zu halten, in Überschriften dick aufzutragen, im Vorspann die News aufzuschäumen. Die Medien als Stressfaktor, als dröhnende Ermüdungsmaschine?

Selbst bei Qualitätsmedien erwachte eine – ironisch verkleidete – Liebe zum Edelschund. Mit feuilletonistischen Girlanden berichten sie über das sogenannte »Reality-TV«, das keinerlei Realität spiegelt. Ausdruck dieses Widersinns ist der Titel der RTL-Dschungelcamp-Sendung *Ich bin ein Star – Holt mich hier raus!*. Da treten C-Promis auf, keine Stars, und sie wollen nicht erlöst werden, sondern im Dschungel bleiben, der auch kein Dschungel ist, sondern in der Regel eine ehemalige Farm am Rand des australischen Regenwalds.

An den Rändern der Medienlandschaft wiederum findet sich eine großangelegte »Sonderwirtschaftszone« für das industrielle Herstellen künstlicher Gegenstände der Berichterstattung. Das Sortiment reicht von den »Medienereignissen« (die keine wirklichen Ereignisse sind und deshalb »Events« heißen) über die »Scripted Reality« (durchinszenierte Pseudo-Dokus) bis zur irrealen Reality à la GNTM. Diese Abkürzung für *Germany's Next Topmodel*, die Casting-Show von Heidi Klum, kennen selbst Nachrichtenvermeider. Die Symbiose von Medienkonzernen und Unterhaltungsindustrie produziert ihren eigenen Fake, den sie als kultig-lauten »Trash« verkauft. Anbieter, »die sich als Blödmaschinen betätigen«, werten die Fakten ab, schrieb der Autor Robert Misik.[14] Über perfekt in Szene gesetzte Scheinaktualitäten informieren Redaktionen im Wissen, dass Fluchtwelten unterhaltsamer sind als der real existierende Wahnwitz.

Mehr Medien, weniger Mittel für den Journalismus. Mehr Meinungsschleudern, weniger Faktizität. Mehr Inszenierung, oft weniger Substanz. Mehr Texte, Audiobeiträge und Videos, weniger Orientierung. Mehr Wiederholungen als Nachrichten. Die Expansion der Medienwelt geht zulasten des Journalismus. Ein hypertrophes Content-System streut Fake. Im »Permaregen der Information« (Philosoph Eduard Kaeser) verdichtet sich der Nebel.[15] Ein Teil der Nachrichtenabstinenten mag sich daher in kluger Wissensabwehr üben, in weiser Ignoranz, nämlich der »Fähigkeit zu wissen, was man nicht zu wissen braucht«, wie die verstorbene Leiterin des Management-Instituts an der Universität Graz Ursula Hendrich-Schneider schrieb.[16] Da gedeiht es zur Tugend, sich neugierig abzuschotten.

4
Generalangriff auf den Journalismus

Demokratie und Medien sind Zwillingskinder der Aufklärung. Die Demokratie braucht den Journalismus, der Journalismus braucht die Demokratie. Sie sind vollkommen aufeinander angewiesen: die Demokratie auf verlässlich informierte Bürgerinnen und Bürger, auf eine Presse der Meinungsbildung und Machtkontrolle; der Journalismus wiederum auf die Pressefreiheit und den Pluralismus.

In den Augen von Antidemokraten jedoch »zersetzen« unabhängige Medien die Nation und die Autoritäten. Wer recherchiert, komplottiert. Kritik ist Anmaßung, Anfeindung und Verrat. »Zersetzung«, das Wort geht ihnen leicht über die Lippen. Immer bekämpfen Autoritäre den Journalismus. Sie wollen frei schalten und walten. Sie verlangen nach der ganzen Macht. Also hassen sie den Widerspruch der Presse.

Der Spielverderber, ohne den das Spiel nicht liefe

Demokratie ohne Kritik wäre keine Demokratie. Journalismus ist der institutionelle Störenfried, der für steten Nachschub an Einwänden, Bedenken und Tadel sorgt: laut oder manchmal nur lärmend, relevant oder bloß reflexhaft kritisch, kompetent oder ungerecht, großartig oder kleinlich, manchmal fair, nicht selten tendenziös, humorvoll oder plump. Mittelmäßige Journalisten schreiben gern süffisant bis hämisch, weil sie damit trotz karger Stilmittel viel Wirkung erzielen. Und weil nichts schwieriger ist, als mit Liebe zu schreiben, ohne kitschig zu werden.

Kritisiert wird immer, alles, überall. Journalismus ist der Spielverderber, ohne den das Spiel nicht liefe. Er entscheidet nichts in der Demokratie, löst kaum je ein konkretes Problem, selten vermag er brauchbare Lösungsvorschläge zu erarbeiten. Aber würde die journalistische Nervensäge ruhen, wäre es noch viel schlimmer, als wenn sie nervt und die Mächtigen entnervt. Journalismus ist ein offensives Gewerbe, das nicht nur Autoritäre erbittert, sondern auch viele Demokraten.

Wer regelmäßig ein Gegenstand der Berichterstattung ist, der lebt manchmal voller Grimm auf den Medienbetrieb. Puren Hass auf die »Ratten und Schmeißfliegen« verleitete 1962 den deutschen Verteidigungsminister Franz Josef Strauß, die Verhaftung des *Spiegel*-Herausgebers Rudolf Augstein und einiger Redakteure wegen »Landesverrats« zu betreiben. Das Magazin hatte einen Enthüllungsbericht über die Bundeswehr veröffentlicht, deren Zustand damals nicht besser war als heute: »bedingt abwehrbereit«.

Wenn Politiker der Nachkriegszeit Journalisten beschimpften, musste die halbe Tierwelt herhalten. Strauß sah »jubeljaulende Hofhunde«, der spätere *Zeit*-Herausgeber Helmut Schmidt »Geschmeiß«, Helmut Kohl »Schmierfinken«, Oskar Lafontaine zürnte dem »Schweinejournalismus«. »Aasgeier«, »Wadenbeißer«, »Pressehengste«, »Blattläuse«, »Lemminge«, »Rudel«, »Meute«, aus solcher Verwünschung sprach durchaus auch etwas Gesundes, nämlich tierischer Ärger über die unbequeme Gegenmacht, bis hin zu blasser Furcht. FDP-Politiker Otto Graf Lambsdorff zitterte vor den »journalistischen Todesschwadronen«. Im Journalismus gilt die Unschuldsvermutung nicht.

Doch wenn heute weniger die erste Garnitur der Politik als vielmehr der Mob Journalisten anpöbelt, ist das nicht nur auf den in offiziellen Sphären angesagten und keimfreien PR-Sprech zurückzuführen. Es verrät den Gewichtsverlust des Journalismus, der vielerorts zur *quantité négligeable* verkümmert. Und da die Herrschenden jede Schwäche eines Widerparts auszunutzen wissen, erfährt die Pressefreiheit mehr Rück- als Fortschritte. Die Organisation für wirtschaftliche Zusammenarbeit und Entwicklung OECD in Paris – der Club reicher Länder – klagt in einem Bericht, »dass der Anteil der OECD-Mitgliedstaaten, in denen der Journalismus gute Rahmenbedingungen vorfindet, sich binnen sechs Jahren halbiert hat«.[1]

Politik und Justiz ziehen die Schraube an, aber auf die EU ist Verlass

Brüssel versucht mit dem European Media Freedom Act, dieser Entwicklung zu wehren. Das neue Europäische Medienfreiheitsgesetz setzt Zeichen wider alles Obrigkeitliche. Den Strafverfolgern verbietet es, Druck auf Journalistinnen und Journalisten auszuüben, damit sie ihre Quellen preisgeben. Nur in eng umgrenzten Einzelfällen, sofern ein Gericht das bewilligt, dürfen Journalisten überwacht werden. Auch ist transparent zu machen, wer einen Verlag beherrscht. EU-Länder haben für die Unabhängigkeit des öffentlich-rechtlichen Rundfunks zu bürgen. Bei der Vergabe von Werbung dürfen staatliche Stellen kein Medium diskriminieren. Subventionen sind offenzulegen. Ein Monitoring der Medienfreiheit ist einzurichten.

Das EU-Medienfreiheitsgesetz dürfte erst nach und nach greifen, zumal einige Nationalstaaten bocken. Und hat ein autoritäres Regime das Gefüge der Medienfreiheit bereits zerschlagen, lässt es sich nur mühsam wieder aufbauen. Bei seinem zweiten Amtsantritt 2010 griff der ungarische Ministerpräsident Viktor Orbán durch. Er kontrolliert mittlerweile das Radio und Fernsehen, die führende Nachrichtenagentur und 90 Prozent der privaten Medien. Über die Mitteleuropäische Presse- und Medienstiftung, die er eigens dafür einrichtete, beherrscht dieser Halbdiktator sämtliche lokalen oder regionalen Zeitungen, insgesamt 500 Anbieter.

Das Autoritäre trumpft nicht immer auf, eher schleicht es sich ein. Aufschlussreich ist das Fallbeispiel der Schweiz, eines an sich besonders demokratischen Staatswesens (wobei bis 1971 einzig die Männer das Sagen hatten, über die Hälfte der »mündigen« Bevölkerung durfte weder abstimmen noch wählen und gewählt werden). Die kleine Eidgenossenschaft entwickelt sich derzeit ähnlich wie im Großen die USA. Ungehemmt wie die US-Republikaner radikalisiert sich immer weiter die früher bürgerlich-staatstragende Schweizerische Volkspartei (SVP), mächtigste Kraft im Land. Wie in Amerika schwimmen viele Konservative und Teile der Finanzwelt im Fahrwasser der Reaktionäre. Der Fallout in Sachen Pressefreiheit bleibt nicht aus, wie sich 2022 zeigte. Die *Süddeutsche Zeitung* veröffentlichte die »Suisse Secrets«:[2] Mit 46 Medien aus aller Welt hatte sie 18 000 Konten bei der (inzwischen zu Grunde gegangenen) Großbank Credit Suisse gesichtet, auf denen sich acht Milliarden Dollar fraglichen Ursprungs fanden – mutmaßliches Korruptionsgeld, Mafiageld, Geheimdienstgeld, Schwarzgeld von Venezuela bis Zimbabwe, von Kalabrien bis Zürich. Aber kein Schweizer Medium beteiligte sich an der Recherche. Denn seit 2015 droht das Bankengesetz einem Journalisten »mit Freiheitsstrafe bis zu drei Jahren«, wenn er aufgrund eines Leaks Bankdaten »offenbart oder für sich oder einen anderen ausnützt«.

Der Hürden nicht genug: Auf Geheiß der bürgerlichen Mehrheit prüft die Regierung in Bern, ob jegliche Publikation »sensibler Daten« untersagt werden soll, »ähnlich einem Verbot der Daten-Hehlerei«. Neuerdings dürfen Gerichte das Erscheinen von Artikeln selbst dann verhindern, wenn dem Kläger kein »besonders schwerer Nachteil« droht; per Eilverfahren lassen sich Enthüllungen wochenlang hinauszögern, bis diese obsolet sind. Der Quellenschutz bröckelt. Der Schweizer Nachrichtendienst möchte demnächst legal tun dürfen, was er eventuell schon praktiziert: Journalisten abhören, in ihre Handys und Computer dringen, sobald sie Kontakt zu observierten Personen haben. Das erschwert Recherchen in trüben Gewässern: dort, wo sie besonders nötig sind. »Dazu kommt, dass missbräuchliche Klagen gegen Medien zu einem probaten Mittel werden«, um Redaktionen zu zermürben, klagt der Verlegerverband. Pressefreiheit? »Ein zentraler Pfeiler der Demokratie ist in Bedrängnis«, warnt er.[3] Der Rechtsdrall in der Schweiz, den ein Großteil der ebenfalls nach rechts gerückten Presse immer freundlicher begleitete, wirkt sich nun frontal gegen sie aus.

Viele Demokratien schmälern heute den Freiraum des Journalismus. Interessengruppen, Firmen und Personen des öffentlichen Lebens gehen härter gegen missliebige Berichte vor, auch in Deutschland. Um Recherchen zu vereiteln, führen sie den Datenschutz an. Spezialisierte Anwaltskanzleien versenden rundum an Redaktionen schroffe »presserechtliche Informationsschreiben« mit der vorsorglichen Warnung davor, die Story eines anderen Mediums aufzugreifen. Immer öfter wird willkürlich geklagt. Schule macht die Methode, die Georg Friedrich von Preußen, der Ururenkel des letzten deutschen Kaisers, im Streit um die Restitution von Hohenzollern-Vermögen ausreizte. Mit Dutzenden Abmahnungen drangsalierte der Prinz 2019 bis 2023 Journalisten und Historiker.[4]

Das Vorgehen hat einen Namen: Slapp, *Strategic Litigation* (oder *Lawsuits*) *Against Public Participation*, strategische Klagen gegen eine öffentliche Beteiligung. Das Kürzel gemahnt an das englische »slap« für Ohrfeige. Die Europäische Union als forsche Hüterin der Medienfreiheit erließ 2024 ein Anti-Slapp-Gesetz, das grenzüberschreitende Klagen erschwert und verteuert, nachdem deren Zahl auf schätzungsweise 160 pro Jahr hochgeschnellt war. Die oft ziemlich aussichtslosen, aber langwierigen Verfahren sollen eine Redaktion wegen horrender Anwaltskosten entmutigen und zudem die Öffentlichkeit verunsichern, ob die Recherche denn wirklich stimme. Berater für »Litigation-PR« (Öffentlichkeitsarbeit bei einem Rechtsstreit) erhalten den Auftrag, die Arbeit der Journalisten zu diskreditieren und das leidige Thema zu »entthematisieren«. Im Jargon dieser Spindoktoren heißt dies *agenda cutting* (von der Tagesordnung streichen) statt *agenda setting* (auf dieselbe setzen).[5]

Namentlich ein Milliardär und eine Prinzessin haben mit regelrechtem Powerplay und ihrer Geldmacht dem Boulevard Grenzen gesetzt. Der New Yorker Klatsch-Blog gawker.com – unterste Schublade –

hatte 2007 den Paypal-Gründer Peter Thiel als Homosexuellen geoutet. Als fünf Jahre später »Gawker« ein Sexvideo des schnauzbärtigen Wrestlers Hulk Hogan ins Netz stellte, schlug die Stunde der Rache. Milliardär Thiel finanzierte das von Muskelprotz Hogan angestrengte Schadenersatzverfahren, um den Gawker-Blog zu ruinieren. Was gelang. Ihrerseits habe die von Paparazzi und Promi-Reportern verfolgte Caroline von Hannover geb. von Monaco mit zahlreichen »Klagen und Verfassungsbeschwerden die Ausweitung des Persönlichkeitsschutzes und die Erhöhung von Geldentschädigungsansprüchen nicht unwesentlich vorangetrieben«, schreibt der Medienrechtler Frank Fechner.[6]

Erfreulich, dass Einbrüche ins Leben von Stars und Normalsterblichen (wie in Heinrich Bölls *Die verlorene Ehre der Katharina Blum*) behindert werden.[7] Aber Justiz und Politik ziehen die Schraube auch dort an, wo ein öffentliches Interesse besteht. Nachdem die *Westdeutsche Allgemeine Zeitung* 2012 geheime Unterlagen über den Afghanistankrieg veröffentlicht hatte, klagte die Bundesregierung, das sei eine Verletzung ihres Urheberrechts. Erst der Europäische Gerichtshof in Luxemburg und in der Folge 2020 der Bundesgerichtshof verneinten solches »Zensurheberrecht«.[8]

In einem anderen Fall hat das Landgericht Berlin den Quellenschutz ausgehöhlt. Der vom Axel-Springer-Konzern entlassene Ex-*Bild*-Chef Reichelt hatte 2023 interne Unterlagen dem Verleger der *Berliner Zeitung* zugespielt – der umgehend die Papiere an Springer weiterreichte. Eine schlimme, wenn nicht die schlimmste Verletzung des Berufsethos. Der düpierte Reichelt klagte. Und lief vor Gericht auf. Denn der Kodex des Deutschen Presserats halte zwar fest: »Die Presse wahrt das Berufsgeheimnis, macht vom Zeugnisverweigerungsrecht Gebrauch und gibt Informanten ohne deren ausdrückliche Zustimmung nicht preis.« Rechtlich sei das aber nicht bindend; Informant Reichelt hätte eine »Geheimhaltungsvereinbarung« mit der *Berliner Zeitung* treffen sollen, meinten die Richter in ihrem inzwischen rechtskräftigen Urteil.[9] Sie hebelten die eherne Regel aus, wonach sich Informanten, ganz ohne explizite Abmachung, auf die unbedingte Diskretion der Journalisten verlassen dürfen. Weniger Quellenschutz bedeutet: weniger Quellen, weniger aufgedeckte Missstände.

Gewalt gegen die Vierte Gewalt

Im Überwachungskapitalismus haben es sowohl Hinweisgeber als auch Rechercheure schwer. Bei ihrer Kommunikation keine Spuren zu hinterlassen ist ein heikles Unterfangen. Verlass ist nicht einmal auf das beliebte »Tor«-Netzwerk, das Verbindungsdaten anonymisiert. Die Politik dehnt den Freiraum von Nachrichtendiensten und Polizei aus. Vieles kommt zusammen: die neuen digitalen Möglichkeiten, die sich Fahnder ungern entgehen lassen; die Dringlichkeit, Extremisten aller Art zu observieren; der Kampf gegen russische und chinesische Desinformation und Einflussnahme; die »Politik der Härte« im repressiver werdenden Zeitgeist; und der Wille korrupter Regierungen wie in der Slowakei, ihre obskuren Machenschaften zu verdecken. Nach dem Mord am Investigativjournalisten Ján Kuciak musste Ministerpräsident Robert Fico 2018 abtreten, fünf Jahre später war er zurück an der Macht. Erneut griff der Linkspopulist nach dem öffentlich-rechtlichen Fernsehen und schüchterte die Medien ein; sie seien schuld daran, dass im Mai 2024 ein 71-jähriger Mann auf ihn schoss. Nach dem Mordversuch schwebte der Ministerpräsident tagelang in Lebensgefahr.

Ein ungemütlicher Sonderfall ist die Bundesrepublik. In absoluten Zahlen und proportional, nirgends in Europa werden Medienleute so oft angefallen, wenn sie rechte Versammlungen und Kundgebungen »covern«. An allen Versuchen, die Medienfreiheit durch Drohworte, Einschüchterungen, das Aussperren aus öffentlichen Anlässen und vieles mehr einzuschränken, machten physische Übergriffe ein besorgniserregendes Drittel aus, so das Europäische Zentrum für Presse- und Medienfreiheit in Leipzig.[10] Das unwirtliche Umfeld schreckt junge Ostdeutsche ab, in den Lokaljournalismus einzusteigen. Angesichts der Attacken auf Reporter bieten Gewerkschaften und NGOs kostenlose »Workshops zu Sicherheitsmöglichkeiten im physischen wie im virtuellen Raum« an.[11] Besonders gefährdet sind Journalistinnen.

2023 registrierte Reporter ohne Grenzen in Deutschland 41 Fausthiebe, Tritte oder Schläge mit Gegenständen, »Medienschaffenden wurde auch Ausrüstung entrissen, sie wurden zu Boden gerissen, mit Sand und Steinen beworfen«. Im Vorjahr waren es 103 physische Übergriffe, ein Rekord.[12] Nicht eingerechnet sind die üblich gewordenen Anpöbelungen. Auf der Straße die Sprechchöre »Lügenpresse, halt die Fresse«. Auf der Plattform Telegram die rechte Hetze gegen »Jourfaschisten«. Im Bundestag der AfD-Vorwurf, dem Journalismus diene Orwells Schreckvision einer Gedankenpolizei »als Gebrauchsanweisung«.[13] Auf George Orwells Roman *1984* berief sich ebenso das Europawahlprogramm 2024 des Bündnisses Sahra Wagenknecht (BSW): Viele Politiker, Journalisten und »sogenannte Faktenchecker« träten »in der Attitüde eines modernen Wahrheitsministeriums« auf.[14]

Am weitesten ging die AfD im Brandenburger Landtag. Nach dem »Remigrations«-Treffen in Potsdam stellte sie einen Antrag, der auf Zensur hinauslief. Die AfD-Fraktion verlangte von der Landesregierung, »die Intendantin des Rundfunks Berlin Brandenburg anzuweisen, die Verstöße des rbb gegen seine Pflicht zur unabhängigen, sachlichen, wahrheitsgemäßen und umfassenden Berichterstattung [...] im Zusammenhang mit dem sogenannten ›Geheimtreffen‹ im Potsdamer Landhaus Adlon am 25. November 2023 unverzüglich abzustellen«.[15]

Populisten bedrängen die Presse nur schon deshalb, weil das statthafter ist als Anwürfe an Parlamente und Gerichte. Die Volksvertretung als Erste Gewalt und die Justiz als Dritte Gewalt radikal infrage zu stellen, bleibt anstößig in Europa (anders als in der politischen Unkultur der USA). Wer an diesen demokratischen Institutionen heftig rüttelt, verrät seine autoritäre Gesinnung. Aber die nichtamtliche Vierte Gewalt herabzusetzen ist unverfänglich, zumal wenn zahllose Artikel und Sendungen mangelhaft sind. Eine in der menschlichen Natur liegende Asymmetrie spielt hinein: Journalistische Glanzleistungen geraten schnell in Vergessenheit, nicht aber Fehlschläge. Dem *Spiegel* hängt sein Versagen im Fall des Geschichtenerfinders Claas Relotius nach, obwohl das Magazin seit 2018 die Sache gut aufgearbeitet hat. Die Veröffentlichung der gefälschten Hitler-Tagebücher 1983 kostete den *stern* unwiederbringlich einen Teil seiner Auflage.

In dem schnellen Gewerbe wird gepfuscht, vermutlich noch mehr als in Berufen, die ein Diplom erfordern. Wobei auch der Pfusch von Architekten, Ärzten oder Managern (etwa der Deutschen Bahn oder der zusammengekrachten Credit Suisse) augenscheinlich ist. Wie alle anderen Wirtschaftszweige erfährt die Medienbranche Fehlentwicklungen. Nur sind sie umso peinlicher, als der Journalismus die ganze Zeit vor Fehlentwicklungen warnt, bloß sporadisch aber vor den eigenen. Nichts kümmert den Medienbetrieb weniger als sein Geschwätz von vorgestern. Wo eine neue Lage nach einer Neubeurteilung ruft, haben es die Medien schon immer gewusst. Vor dem Angriff auf die Ukraine war im deutschen Journalismus wenig Kritik an der Russlandpolitik der Bundesrepublik zu vernehmen. Danach las man's anders.

Die üblichen Rügen am Journalismus bleiben ewig legitim, lang ist die Mängelliste: Missgriffe, Sprunghaftigkeit, Opportunismus, Ungeduld, Flüchtigkeit, Oberflächlichkeit, Sensationslust, Effekthascherei, Rudeltrieb, Negativismus und Mimosenhaftigkeit. Allerdings werden Journalisten ebenso verwünscht und zudem verklagt, wenn sie genau richtigliegen, siehe Wirecard. Erst recht exponieren sich Berichterstatter, die über Konflikte unbefangen recherchieren und zum Beispiel die »üblichen Verdächtigen« entlasten, etwa »den Ausländer« als Feindbild der Rechten oder den jahrhundertelang verwöhnten und nunmehr vom Zeitgeist beargwöhnten weißen Mann.

Von der Kritik an Journalisten zum Kulturkampf gegen den Journalismus

Medien decken Missstände auf und weisen selbst welche auf. Medien üben und ernten Kritik, das ist das gutdemokratische Hin und Her. Aber ein kategorieller Unterschied klafft zwischen berechtigter Kritik an journalistischen Defiziten und dem rechtsautoritären Kulturkampf gegen den Journalismus an sich. In der Propaganda sind die »Systemmedien« undemokratische Erziehungsanstalten. Die rechte Logik besagt: Meinungsfreiheit herrscht dort, wo keine Redaktion eine Auslese trifft. Journalistische Maßstäbe sind Willkür. Die sorgsame Prüfung und Verarbeitung von Informationen ist Zensur.

In dem elitefeindlichen Stereotyp ist »der« Bürger unten und sind »die« Journalisten oben. Redakteurinnen und Redakteure mit zehn Jahren Berufserfahrung beziehen brutto rund 4100 Euro im Monat, 200 Euro weniger als das Durchschnittsgehalt Vollzeitbeschäftigter in Deutschland.[16] Viele Freiberufliche wären froh, auch nur die Hälfte einzunehmen; im Schnitt erzielen Frauen einen Stundenlohn von brutto 11,75 Euro und Männer von 13,30 Euro, sie leben keineswegs an der Realität von »Normalos« vorbei.[17] Monetär ist der Beruf nicht privilegiert. Doch in den Augen von Autoritären ist der Journalismus an sich elitär, da er sich so viele Freiheiten und zumal die zur Kritik herausnehmen darf. Journalistische Unabhängigkeit wird als Arroganz empfunden, Recherche ist ein Übergriff, im beharrlichen Nachfragen liegt bereits ein Vorwurf. Davon wissen Redakteurinnen und Reporter in ostdeutschen Landen ein Lied zu singen. Ganz und gar geerdet, gelten sie als abgehoben und ebenso anmaßend wie ihre Kolleginnen und Kollegen in der fernen »Hauptstadtblase«. In rechter Lesart ist der Journalismus undemokratisch, während soziale Medien ein Hort der Demokratie seien. Volkes Stimme finde einzig auf den »unzensierten« Plattformen Ausdruck und Gehör – und das ist die Wirklichkeit, die aus ihrer Sicht zählt.

Die postfaktischen Rechtsautoritären boykottieren den Grundgedanken des Journalismus, die Nachweisbarkeit eines Sachverhalts. Am 31. März 2023 schrieb Elon Musk einen X-Post, den 122,4 Millionen Menschen lasen: »Wenn Sie die Realität nicht mögen, sollten Sie diese einfach ignorieren.« Musk verkörpert den feudal-medialen Strukturwandel in einer von antideliberativen Algorithmen geprägten Öffentlichkeit fügsamer Follower.[18] Ein Teil der auf den Plattformen sozialisierten Jugend hat es unter diesen Umständen gar nicht so leicht, ihren Sinn für eine abwägende demokratische Deliberation zu schärfen.

Der 2023 verstorbene Philosoph Harry G. Frankfurt wusste zu unterscheiden zwischen dem »Bullshit«, der von vornherein kein Interesse an der Wahrheit hat, und der Lüge, die um die Wahrheit weiß und sie abstreifen möchte.[19] Wahrheit mag das Mittel gegen die Lüge sein, als Gegengift zu »Bullshit« taugt sie nicht. Und ist die Nachweisbarkeit eines Sachverhalts irrelevant, läuft Journalismus auf. Historisch-kulturell ist er angewiesen auf eine Wahrheitsumgebung: darauf, dass Fakten eine Richtgröße der Gesellschaft bleiben.

Genau da setzt die Desinformation russischer Troll-Fabriken mit ihren Bots an, die zu einem Sachverhalt Dutzende unterschiedliche und bewusst widersprüchliche Falschnachrichten und Deepfakes streuen, bis eine Beliebigkeitsumgebung entsteht, in der Faktisches so verdächtig wirkt wie Erfundenes. Ähnlich die Trump-Methode: »Die wirkliche Opposition sind die Medien. Und der Umgang mit ihnen ist flood the zone with shit«, meinte sein langjähriger rechtsextremer Begleiter Steve Bannon: Flutet den Raum mit Bullshit.[20]

In einer Atmosphäre, in der Wahrheit zählt, ist das Recherchieren legitim, lassen sich Fakten ausmachen. In der Bullshit-Umgebung, in der Musk auf Realität und Faktizität herabsieht, fällt Journalismus der Lächerlichkeit anheim, dieses Kind der Aufklärung wird abserviert. Musk ließ es sich nicht nehmen, ein bekanntes Meme weiterzuverbreiten, das den Königsberger Philosophen der Erkenntnis auslacht: »It's the final Kant down«.[21]

Der journalistische Propagandismus

Der Journalismus-Begriff von Autoritären ähnelt ihrem Umgang mit Fakten: Wahr ist, was meiner Argumentation dient – Journalismus ist, was mir nützt. Der Rest ist in Donald Trumps Worten Fake News. Davon leben Kulturkriegsmedien à la Fox News ganz gut. Der »Propagandismus« im Gewande des Journalismus spart Kosten, da er keine Fakten prüfen und kundig analysieren muss. Vielmehr haben sich die Tatsachen der bei Fox herrschenden Meinung zu beugen. »Faktizität ohne Geltung«, um den Titel eines berühmten Bands von Jürgen Habermas abzuwandeln.[22]

Auch in Europa gewinnt der journalistische Propagandismus an Boden. Wie der Murdoch-Medienapparat 2016 für den Brexit agitierte, hatte nur noch bedingt mit Journalismus zu tun. Am anderen Ufer des Ärmelkanals ist die unsanfte Kraft der Manipulation dabei, Frankreich zu verändern. Das Medienimperium des erzkatholischen Milliardärs Vincent Bolloré hat nichts unterlassen, die fremdenfeindliche Marine Le Pen zu fördern und die Normalisierung des rechtsautoritären Diskurses zu betreiben. Siehe den Nachrichtensender CNews, der anfangs sogar den Extremisten Éric Zemmour pushte; lese das früher konservative und heute rechtsradikale *Journal du dimanche*; höre Frankreichs einst bestes Radio Europe 1, dessen Hauptmoderator Pascal Praud Werktag für Werktag ganze zweieinhalb Stunden agitiert, wenn er nicht bei CNews hetzt oder seine Kolumne für die Sonntagszeitung scharfstellt.

Die vormals liberale Schweizer *Weltwoche* hat sich darauf verlegt, die russische Diktatur, den chinesischen Totalitarismus und den »Remigrations«-Ideologen Martin Sellner schönzuschreiben – und im Gegenzug zum Beispiel Omid Nouripour zu schmähen. Als er 2022 zum Co-Vorsitzenden der deutschen Grünen gewählt wurde, titelte das Magazin: »Nouripour will die Scharia in Deutschland einführen.«[23] In einer Bundestagsdebatte vier Jahre zuvor hatte der Politiker von der Scharia gesagt, »dass die Teile, die mit dem Grundgesetz vereinbar sind, auch angewendet werden können, und die nicht, die eben nicht«.[24]

In Deutschland bedient das Online-Portal NiUS, selbst ernannte »Stimme der Mehrheit«, die Wutbürgerwut. Nummer 1 dort ist der erwähnte Julian Reichelt, der alles vereinseitigt, bis es sich ins Freund-Feind-Schema fügt. Die Kundschaft wird bedient, wie sie bedient werden möchte. Der Kunde ist König im Reich der Märchen und Legenden. Bei Fox News nennen sie das »respect the audience«, achte das Publikum.

Jeder Mensch neigt dazu, störende Gesichtspunkte auszublenden. Fast alle Medien haben ihre politische oder sonstige Färbung. Sie sortieren die Fakten und setzen Schwerpunkte entlang der eigenen Werteordnung. Anders geht es gar nicht, jedes Einordnen der Aktualität erfordert eine Weltanschauung. »Es gibt keine tendenzfreie Transparenz«, sagt der Schriftsteller Adolf Muschg.[25]

Zum Beispiel berichten ernsthafte arabische und israelische Medien über dasselbe Geschehen auf gegensätzliche Weise. Die eine Seite neigt dazu, über die Hamas-Verbrechen gegen die Menschlichkeit hinwegzusehen. Die andere Seite blendete die Zertrümmerung des Gaza-Streifens weitgehend aus. Beide zeigten die Bilder fast nur aus dem eigenen Blickwinkel. In vielen weiteren Konflikten sehen die einen lauter Freiheitskämpfer, die anderen lauter Terroristen, so dass die globale britische Nachrichtenagentur Reuters (die alle Kulturräume beliefert) wertende Bezeichnungen meidet und rein funktional berichtet. Wer Bomben legt, ist bei Reuters Bombenleger. Wer auf Menschen schießt, ist Schütze, aus größerer Distanz Scharfschütze. Die Beteiligten an Kampfhandlungen sind Militärs oder – ohne Uniform – *militants* (Kämpfer bzw. Aktivisten). Dieselbe Regel befolgt die BBC.

Der Verzicht auf jedes Wort, das eine Parteinahme andeuten könnte, trägt der wohl weltbesten Nachrichtenagentur wie der geachteten BBC Tadel ein. Groß das Unverständnis im Westen, als 2001 nach dem Anschlag auf das New Yorker World Trade Center oder 2023 nach dem Massaker der Hamas an israelischen Zivilisten alle Meldungen das Wort »Terrorist« mieden. In aufgeladenen Augenblicken der Geschichte verstört eine konsequent nachrichtliche Sprache viele Zeitgenossen.

Von BBC bis NiUS spannt sich der Bogen, von radikaler Faktizität zu radikaler Agitation – krass der Kontrast. Oft aber ist die Scheidelinie zwischen Evaluation von Fakten und propagandistischer Manipulation unauffällig. Genau besehen zeigt sich der Gegensatz von Journalismus und journalistischem Propagandismus an den immergleichen Äußerlichkeiten.

Die Korrekturen. Journalisten haben Fehler richtigzustellen. In den besten angelsächsischen Medien tun sie das umgehend, und zwar in einer gut auffindbaren Rubrik »Corrections«. Die *New York Times* sieht sich »in der ethischen Verantwortung, alle sachlichen Fehler, groß und klein, ohne Verzug zu korrigieren«. Im

Kleinen zeigt sich eine Größe, die einigen europäischen Redaktionen abgeht. Nur zögerlich und zähneknirschend geben sie zu, dass sie falsch- oder nicht ganz richtiglagen. Journalistische Propagandisten dagegen berichtigen sich nie und nimmer. Warum Fakten korrigieren, wenn Fakten nicht zählen?

Die Quellen. Journalisten gefährden ihren Ruf und ziehen die Schelte der Konkurrenz auf sich, sobald sie zweifelhafte Dokumente anführen. Journalistischen Propagandisten ist die Qualität ihrer Quellen ebenso egal wie der Pressekodex. Der Regelbruch ist die Regel. Kaum je stützen sie sich auf Studien, die methodisch validiert wurden durch eine Peer Review (ein Gutachten) oder durch Hochladen des Entwurfs auf einer Preprint-Plattform (um vor der Veröffentlichung die Kritik der Fachwelt einzuholen).

Die Gegenmeinungen. Leitartikler verwenden oft Mühe darauf, Gegenmeinungen zu widerlegen. Propagandisten ignorieren Gegenargumente. Vielmehr hämmern sie dem Publikum ihre zwangsläufig schlichte Botschaft ein. Der journalistische Propagandismus ist berechenbarer als angebliche »Mainstream«-Medien, die sich immer mal des angelsächsischen Prinzips »let's surprise them!« besinnen – lasst uns die Leute überraschen und anders sein als erwartet!

Die Unfreiheit. Sehr wohl darf ein Verleger die Tendenz seiner Medien bestimmen oder einen Kurswechsel (praktisch immer nach rechts) betreiben wie schon 1953 Axel Springer nach Übernahme der damals linksliberalen *Welt*. Der Journalismus kennt zwar einzelne Eigentümer, die bewusst die konservative, liberale oder linke Tendenz ihres Mediums hüten, selbst wenn sie diese nicht teilen. Der eher konservative *Zeit*-Gründer Gerd Bucerius hatte Spaß an der Reibung mit seiner sozialliberalen Redaktion, es war sein Lebenselixier. Er bildete aber die Ausnahme von der Regel, dass Verleger ihr Flaggschiff und ihre Beiboote ein Stück weit in die eigene Denkrichtung zu lotsen pflegen. Eines jedoch verlangt das Berufsethos: Verlagsleute haben sich aus der Alltagsarbeit einer Redaktion herauszuhalten. Die »innere Pressefreiheit« verbietet es dem Verlag, Journalistinnen und Journalisten anzuweisen, wie und worüber sie berichten. Im besten (und mittlerweile seltenen) Fall bekräftigt ein Redaktionsstatut diese Autonomie. Sie lässt sich unterlaufen, zum Beispiel beim Lunch mit einer geschmeidigen Chefredaktion. Versucht ein Medienmanager im Einzelfall Einfluss zu nehmen, tut er dies jedenfalls diskret. Und öfter ohne Erfolg. Redaktionen und zumal Chefredaktionen sind keine machtfreien Zonen, aber widersetzlich. Rein machtorientiert bleibt dagegen der journalistische Propagandismus. Die Firewall zwischen Verlag und Redaktion ist deaktiviert. Die Murdoch-Dynastie oder der Bolloré-Clan spielen unverblümt ihre Herrschaft ganz direkt aus, autoritär wie ihre Ideologie.

»Medienfreiheit bedroht Meinungsfreiheit«

Populisten sind in ihrem Element, wenn sie Kategorien verwischen: Fakten, »alternative Fakten«, Lügen und Mythen; Journalismus und Propaganda; Pluralismus und völkische Homogenität. Auch betreiben sie die Fusion zwischen frei und unfrei, zwischen richtig und falsch. In ihrer Umkehrlogik rügen sie das Demokratische als autoritär und loben das Autoritäre als demokratisch. Erst entleeren sie den Wortschatz der Liberalität, dann entlehnen sie ihn: Weil wir »freiheitlich« sind, setzen wir auf Repression. Weil wir die wahren Demokraten sind, ist es undemokratisch, dass liberale Medien uns kritisieren.

Sobald Populisten Widerspruch ernten, ist die Meinungsfreiheit in Gefahr – »nichts darf man mehr sagen«. Ihre Logik läuft darauf hinaus, dass Medienfreiheit die Meinungsfreiheit bedrohe. Im Namen des ersteren Grundrechts relativieren sie das letztere. Um den Pluralismus zu verteidigen, müsse man Reporter an die Kandare nehmen und die Öffentlich-Rechtlichen kleinschlagen. Der Journalismus verenge den »Meinungskorridor«, der in Wirklichkeit längst breiter wird. Populisten brüsten sich ja zu Recht, sie hätten »die Grenzen des Sagbaren verschoben«.

Neben dieser realen Gefahr zeichnet sich ausgerechnet bei einzelnen Widersachern des Rechtspopulismus ein ganz anderes potenzielles Risiko ab. Die Unterdrückung, Benachteiligung und Demütigung von Minderheiten bringt nicht wenige Identitätskämpferinnen und -kämpfer hervor, die es für anmaßend halten, wenn sich Weiße zu Fragen äußern, die People of Color betreffen. Weiße Prägung disqualifiziere von vornherein selbst bestqualifizierte Journalistinnen und Journalisten, auch wenn sie sonst unparteiisch Fakten zu ermitteln und zu ordnen wissen. Ähnlich geht die Tendenz dahin, dass am besten Frauen über Frauen schreiben, was oft sachdienlich ist, aber kaum als allgemeine Methode taugt. Beides zeugt vom Argwohn gegen das Prinzip des Journalismus, wonach eine sorgfältige Recherche und die kritische Distanz zum Gegenstand der Berichterstattung für eine einigermaßen sachgerechte Wiedergabe bürge, egal, wer berichtet. Journalismus wird sich untreu, wenn er gewissenhaften Journalistinnen und Journalisten pauschal die Fähigkeit abspricht, unbefangen zu berichten. Aufgeklärte Geister – anders als identitätspolitische oder rechte Antiaufklärer – bleiben bei dem Bild des mündigen Menschen, der über die eigene Prägung hinaus zur Erkenntnis fähig ist.

Diversität in Redaktionen ist indessen eine Voraussetzung der Qualität und Relevanz, sonst übersehen sie wesentliche Aktualitäten. Weil Redakteure in der Überzahl waren (und oft noch sind), unterschlugen sie jahrzehntelang etwa das brisante Thema, dass die medizinische Forschung und Diagnose auf männliche Krankheitsbilder abstellt, mithin Frauen benachteiligt. Auch im Journalismus gilt, was die Wissenschaft einrechnet: Beobachten ist nicht neutral. Fehlen Beobachterinnen, bleibt vieles unbeobachtet. Ohne Betrachter migrantischer Herkunft fällt Wichtiges außer Betracht.

Setzen seriöse Redaktionen Mitarbeitende auf ein Thema an, achten sie auf deren Kompetenz, Erfahrungswelt, Sensibilität und Zugang zum Umfeld, in dem sie recherchieren. Jedoch droht Unheil, wenn ein Gegenstand der Berichterstattung die Wahl der Berichterstatterin oder des Berichterstatters zu beeinflussen versucht. In Frankreich pocht Marine Le Pen auf ihr Recht einzuteilen, wer Journalist sei und wer nicht; die zweite Kategorie sperrte sie zeitweise von ihren Medienkonferenzen aus.

Wer nicht für mich ist, der ist gegen mich, lautet das Denkmuster der Autoritären. Folglich gilt: Wer als Journalistin oder Journalist unabhängig berichtet, steht auf der falschen Seite. Unbefangenheit ist parteiisch, journalistisch-kritische Distanz tendenziös. Nur wer in meinem Sinn berichtet, ist objektiv, da meine Wahrheit gilt. Bis zu ihrer Abwahl 2023 überzog die autoritäre polnische Regierung nicht nur die linksliberale *Gazeta Wyborcza* (Wahlzeitung) mit Hunderten Gerichtsverfahren, sondern ebenso die äußerst konservative, jedoch unabhängige Zeitung *Rzeczpospolita* (die Republik oder die gemeinsame Sache).

Rund 300 000 Journalistinnen und Journalisten aus 45 Ländern des Alten Kontinents vertritt die European Federation of Journalists mit Sitz in Brüssel. Ihre Direktorin Renate Schroeder sagt: »Jede Diktatur beginnt mit der Kontrolle des Worts.«[26] Im autoritären Idealfall entzieht sich keine Wortmeldung ihrem Regiment. Absolutisten im Geiste stoßen sich nicht nur an der Freiheit der Medien, sondern auch an den Studien der Wissenschaft, den eigenständigen »Positionen« der Künste und der Unabhängigkeit der Rechtsprechung. Das Parlament wird als »Schwatzbude« abgetan, solange es ein Ort des Worts und Widerworts bleibt. Eng verwandt sind Antiparlamentarismus und Antijournalismus.

Redaktionen einschüchtern, säubern und lenken: die Fallbeispiele Polen, Italien, Griechenland, Österreich

Auf die Meinungsfreiheit berufen sich Autoritäre nur so lang, wie sie in der Opposition sind. Haben sie das Sagen, bedrängen sie sofort die Presse. Die Feldzüge gegen den unabhängigen Journalismus in Europa sind verheerend.

In Polen hatte der Ultranationalist Jarosław Kaczyński von 2015 bis 2023 das Sagen. Er verwandelte den öffentlich-rechtlichen Rundfunk in eine Propagandamaschine. Hingegen scheiterte am Widerstand der USA sein Versuch, den amerikanischen Eigentümer des allzu unabhängigen Fernsehkanals TVN zu entmachten. Dafür erwarb ein staatsnaher Konzern 20 regionale Tageszeitungen und 120 Wochentitel sowie 500 Online-Portale; der Konzernchef war ein Gefolgsmann von Kaczyński.

Ungemütlich ist, dass die Rückkehr zu gelebter Medienfreiheit ein erneutes staatliches Einschreiten erfordert, worauf sich nun ausgerechnet die Verächter des Pluralismus als dessen Verteidiger aufspielen. Es hat einen bitteren Beigeschmack, wenn die Freunde des freien Worts durchgreifen müssen wie seine Feinde: wenn sie keine andere Wahl haben, als der Liberalität brachial zu ihrem Recht zu verhelfen. Theorie und Praxis der Redemokratisierung von Wahlautokratien und der Rekonstruktion von Medienfreiheit sind Neuland.

In Italien veranstaltet das öffentlich-rechtliche Fernsehen Rai den berühmten Schlagerwettbewerb von Sanremo. Bevor 2023 der Vorhang fiel, verabschiedete sich der beliebte Moderator und Satiriker Amadeus: »Es war ein wunderbares Festival, und morgen werden alle Führungskräfte der Rai entlassen.« Er sollte recht behalten, Ministerpräsidentin Giorgia Meloni ließ Köpfe rollen, auch wegen des Festivals der *canzone italiana*. Zum Auftakt in Sanremo hatte der Komiker Roberto Benigni seine Leidenschaft für Artikel 21 der italienischen Verfassung erklärt: »Jedermann hat das Recht, die eigenen Gedanken durch Wort, Schrift und jedes andere Mittel der Verbreitung frei zu äußern.« Kabarettistisch ernst sagte Benigni: »Ihr könnt euch nicht vorstellen, wie sehr ich diesen Artikel liebe.« Denn »vor dieser Verfassung, in den 20 Faschismus-Jahren, durfte man nicht frei denken«. Der anwesende Staatspräsident und Verfassungshüter Sergio Mattarella lächelte komplizenhaft.

Die Postfaschistin Meloni errichtete ein »pluralistisches System« ganz nach ihrer Fasson. Schon kurz nach ihrem Regierungsantritt waren an die 70 Prozent der TV-Nachrichten Hofberichterstattung, ermittelte das wissenschaftliche Medienobservatorium von Pavia. Italiens öffentlich-rechtlicher Rundfunk war nie ganz unabhängig und trotzdem halbwegs pluralistisch, den Kanal Rai 3 überließen die Christdemokraten und der Rechtspopulist Silvio Berlusconi jeweils der Linken. Giorgia Meloni aber wollte die Rai restlos in Besitz nehmen. Und löste einen Exodus von Moderatoren aus. Andere blieben, und die mutigsten protestierten vor laufenden Kameras gegen die Zensur. Der Volksmund verspottet die Rai mittlerweile als »Tele Meloni«. Fast so regierungstreu sind die Kommerzsender der Berlusconi-Familie.

Kabinettsmitglieder drangsalieren kritische Medien mit vielerlei Klagen. Eine Gesetzesnovelle, die der postfaschistische Wortführer im Senat einbrachte und wegen des Aufschreis 2024 zurückzog, sah Drastisches vor: bei »Verleumdung« bis zu viereinhalb Jahre Haft und zwei Jahre Berufsverbot für Journalistinnen und Journalisten, bei »Fake News« bis zu einem Jahr Haft. Der Einschüchterung diente ebenso eine Razzia der Carabinieri bei der kritischen Online-Zeitung *Domani*, um einen Beitrag über fragliche Geschäfte eines Staatssekretärs zu »beschlagnahmen«. Wie sich im Netz eine Recherche konfiszieren lässt, blieb dahingestellt.

In Griechenland verlor der rechtskonservative Premierminister Kyriakos Mitsotakis keine Zeit. Kaum gewählt, unterstellte er sich 2019 direkt das öffentlich-rechtliche Fernsehen ERP und die Nachrichtenagentur AMNA. Folge: Die Agentur erwähnte Chinas vorletzten Platz im Ranking der Pressefreiheit 2023 von Reporter ohne Grenzen, Rang 179. Aber sie unterschlug lieber den Rang Griechenlands – 107. Das Fernsehen gönnte der Regierung und der Regierungspartei in Wahlkämpfen drei Mal mehr Sendezeit als allen anderen Parteien zusammen, so die Statistik des unabhängigen, aber machtlosen Nationalen Rundfunkrats. Die erzkonservative Mehrheit fügte einen klassischen Gummiparagrafen ins Strafrecht ein. Auf »Falschnachrichten, die geeignet sind, die Öffentlichkeit zu verunsichern oder zu ängstigen, oder die das Vertrauen in die Volkswirtschaft, die Verteidigungsfähigkeit des Lands oder die öffentliche Gesundheit untergraben«, steht eine Haftstrafe von »mindestens drei Monaten«.[27] Ab wann genau ist die Öffentlichkeit verunsichert? Wer vermag anhand welcher Kriterien zu ermitteln, inwiefern das Vertrauen untergraben wurde? Die bewusst diffusen Formulierungen sollen verängstigen. Und tun es. Über den Umgang mit Geflüchteten zu berichten, die anzulanden versuchen, ist kühn geworden. Slapp-Verfahren häufen sich.

In Österreich halten Gefolgsleute des ehemaligen Bundeskanzlers Sebastian Kurz unverdrossen eine Machtstellung im ORF, auch wenn sie dem kritischen

Starmoderator Armin Wolf nichts anhaben konnten. Kurz berät seit seinem Sturz 2021 den Demokratiefeind Peter Thiel (siehe S. 99). Dieser libertäre Ultrakapitalist aus Silicon Valley hält Freiheit und Demokratie für unvereinbar: Thiel will mehr Freiheit dank weniger Demokratie. Genau das betrieben Kanzler Kurz und sein Innenminister Herbert Kickl von der Freiheitlichen Partei Österreichs (FPÖ) während der türkis-blauen Koalition von 2017 bis 2019. »Message Control« heißt ihre Methode; 2018 wies Kickls Ministerium die Polizei an, Informationen an unbequeme Medien wie die Tageszeitung *Standard* »auf das nötigste (rechtlich vorgesehene) Maß zu beschränken«.

Das öffentlich-rechtliche Fernsehen privatisieren und kontrollieren – einige Spitzenpolitiker der christdemokratischen Österreichischen Volkspartei hegen diesen Wunschtraum, den schon der damalige rechtsextreme FPÖ-Vizekanzler im heimlich aufgezeichneten »Ibiza-Video« träumte. Heinz-Christian Strache erwog 2017, den ORF »auf völlig neue Beine zu stellen«.[28] Gegen die »Systemmedien« donnert heute Kickl, sein Nachfolger an der FPÖ-Spitze. »Ihr seid aus der Zeit gefallen«, schnauzt der »Volkskanzler« in spe, jedoch nahe die »Erlösung«.[29] Kickls erklärtes Vorbild ist Viktor Orbán.

Message Control? Der Rechtspopulismus bewirtschaftet die um sich greifende Angst vor Kontroll- und Dominanzverlust: Der Westen beherrscht nicht länger die Welt. »Brüssel« und »Globalisten« steuern die Nation. Das »Abendland« vermag Islam und Migration schwerlich einzudämmen. In der ökologischen Ära gilt nicht länger das biblische »Macht euch die Erde untertan«. Künstliche Intelligenz übertrumpft den Menschen. Der Mann büßt seinen archaischen Vorrang vor der Frau ein. Heterosexualität ist nicht länger die unhinterfragte Norm. Gutbürgerliches weicht dem »Woken«.

Und wer betreibt an vorderer Front den Niedergang der Werteordnung? Die Medienelite, antwortet die AfD, die noch härter als andere Rechtsautoritäre in Europa die Presse angeht. Den Zerfall der Zivilisation beschleunigten dekadente Medien, sagt der Thüringer AfD-Vorsitzende Björn Höcke, sie »jubeln regelrecht über unseren bevorstehenden Volkstod durch Bevölkerungsaustausch«.[30] Klar sei, dass Journalistinnen und Journalisten »sich in dem Gefühl der eigenen nationalen Verworfenheit geradezu suhlen«.

Im Jahr 2019 schrieb der Bundestagsabgeordnete Tino Chrupalla (der kurz darauf zum Co-Bundessprecher avancierte) an die Mitglieder seines sächsischen AfD-Kreisverbands Görlitz. Er bat die Parteifreunde um Mithilfe beim Aufstellen einer schwarzen Liste von Journalistinnen und Journalisten, die eine »Spaltungs- und

Zersetzungsstrategie« verfolgten – so qualifizierte einst die Stasi jene DDR-Oppositionellen, die sie für besonders schädlich hielt. Chrupalla wurde deutlich: »Wer noch andere kluge Ideen hat oder Tricks von früher her kennt, kann sich gerne mit uns in Verbindung setzen. Hintergrundinformationen über als Journalisten getarnte Zersetzungsagenten sind natürlich immer willkommen.«[31]

Für den Fall, dass die AfD in einem ostdeutschen Bundesland mitregieren sollte, hat sie sich vorgenommen, der Zersetzung ein Ende setzen, die eine »weitgehend gleichgeschaltete Medienlandschaft« betreibe. Ähneln sich *Süddeutsche* und *Frankfurter Allgemeine*? *Bild* und *taz*? Egal, sie sind »Mainstream«. Die Mainstream-Schablone ist bequem anzuwenden, weil sie durch Quantifizierung qualifiziert: Zu einer Mehrheitsmeinung zu neigen ist verdächtig, selbst wenn die Meinungsbildung seriös war. Die Kritik gilt nicht den Argumenten, sondern dem Umstand, dass viele Medien und Menschen die Meinung teilen. Journalisten werden zu Feindbildern erkoren, sobald sie sich auf »Mainstream-Fakten« beziehen.

Im vorwiegend ländlich-republikanischen US-Bundesstaat Iowa reichte der traumatisierte Meteorologe des regionalen Fernsehens KCCI Mitte 2023 seine Kündigung ein: Über Chris Gloninger war eine Lawine von Hass-Mails gerollt, weil er die Erderwärmung erwähnt hatte – unerträglicher Mainstream. Und als im Hitzesommer 2023 die Wetter-App des Schweizer Rundfunks wegen eines Fehlers zu hohe Temperaturen im Mittelmeerraum voraussagte, protestierte die SVP. Die Wetterprognose werde »für die ganze Klimapanik missbraucht«; wieder hätten die Medien versucht, die Erderwärmung zu dramatisieren – typisch Mainstream. Wetterfrösche sind exponiert, erst recht Umweltjournalistinnen und -journalisten; in den Jahren 2009 bis 2023 wurden 44 ermordet, rund 750 erfuhren gewaltsame Übergriffe oder Drohungen, so eine Unesco-Statistik.[32]

Pluralismus ist, wenn meine Meinung gilt, der Rest ist Mainstream – diese rechte Logik spukt in vielen Köpfen: Das Klima ist nicht mein Thema, also ist es Mainstream; unter diesem wegwerfenden Rubrum darf ich die Zukunftssorge vieler Menschen abtun. Dafür wiederhole ich unbeirrt, der Mainstream übersehe die Sorgen normaler Menschen wie du und ich. Als käme der von Rechtsautoritären bevorzugte Fünferpack ihrer Standardthemen Migration, Kriminalität, »EU-Diktatur«, »anmaßende Eliten« und »Wokeness« zu kurz in »Mainstream«-Medien.

Populismus und Journalismus: Die objektive Allianz

Populisten wissen, wie man Aufsehen erregt. Provokatives mehrt die Klickzahl, weswegen manche Redaktionen es fast reflexhaft aufgreifen. Ein Teil der Presse fördert so die Feinde der Pressefreiheit. Pointiert gesagt – Klicks sind reaktionär.

Die Klick-Denke begünstigt, was rechtsautoritären Journalismus-Hassern ganz direkt nützt: eine langsame Boulevardisierung, gegen die nicht einmal alle anspruchsvollen Medien völlig immun sind. Weit über den Boulevard hinaus, der seit je dem »Volk« nach dem Mund redet, läuft die mediale Charmeoffensive. Man schmust dem Publikum, bändelt an. Der liebedienerische Klick-Journalismus und der Populismus verstärken einander. Sie verwenden dieselbe Formensprache, sie bilden eine »objektive Allianz«, auch wenn sie einander kritisieren.

Immer spielt der Unterhaltungsfaktor in das Angebot von Klick-Journalismus und Populismus hinein. Kitzel muss sein, Irritation zieht rein, die Substanz liegt in der Show. Autoritäre Haarschöpfe wie Boris Johnson in Großbritannien, Geert Wilders in den Niederlanden, Javier Milei in Argentinien oder Donald Trump in den USA tanzen nur schon mit ihrer wilden Frisur aus der Reihe.

Trump hatte einst eine eigene Fernsehshow. Der libertäre Showman Javier Milei bewarb sich 2023 mit einer Kettensäge in der Hand um die argentinische Präsidentschaft. Sahra Wagenknecht hat ihre Partei nach sich selbst benannt, so wie TV-Kanäle gern ihre Talkshows nach der Moderatorin oder dem Moderator benennen. Christoph Blocher, starker Mann der Schweizerischen Volkspartei, hat seit 2007 seine YouTube-

Sendung »Teleblocher«. Das Show-Prinzip, auf das Populismus und Boulevardismus setzen, bedient sich der immergleichen Stilmittel: Personen statt Ideen, Emotion statt Sachlichkeit, Verknappung statt Komplexität, Tempo statt Vertiefung, Konflikt statt Kompromiss. Und unweigerlich auch: Wir gegen die anderen, die Fremden, die da oben. Wer sich entwertet fühlt, will andere entwerten. Aus alledem lässt sich, stets in einfachster Sprache und TikTok-fähig, eine gute Story mixen.

Es geht Schlag auf Schlag in dieser Regie. Immer naht Unheil, droht das Verderben, jederzeit »muss gehandelt werden«. Das ist das Prinzip des Boulevards und auch das der Autoritären, um ihren Autoritarismus zu legitimieren. Keine Zeit zu verlieren, es bedarf – sofort! – eines Anführers, der durchgreift. Boulevard und Populismus haben ihren gemeinsamen Geschäftszweig, sie betreiben die Reduktion der Inhalte und die Expansion des Marketings. Sie schrecken vor wenig zurück, um den Markt- oder Wähleranteil auszudehnen.

Populisten wollen nicht ernsthaft die Probleme lösen. Sie bewirtschaften Probleme und ernten so den Zuspruch von Protestwählern. Auch Journalisten haben kaum je Lösungen im Sortiment, nie war das ihre Kernkompetenz. Wer den Beruf des Beobachtens ergreift, dem fehlen zumeist der Sinn und die Geduld für prozesshaftes Handeln in Politik oder Wirtschaft. Im Journalismus erstreckt sich ein »langfristiges« Vorhaben über ein paar Wochen – in Politik, Wirtschaft und Kultur aber oft über Jahre. Im Minutentakt der Online-Welt mutieren ohnehin viele Journalisten (von französisch »jour«, Tag) zu »Minutisten«. Ausgerechnet den Berichterstattern über das Zeitgeschehen fehlt oft ein realistisches Zeitgefühl, zumal wenn sie in *realtime* arbeiten. Eilige Meinungsbeiträge mit ihrem schlichten »man müsste« (dies tun) oder »man sollte« (jenes lassen) verraten, dass den Kommentatoren das Know-how für pragmatische Lösungsvorschläge abgeht, so wie Populisten nichts bieten als wenig patente Patentrezepte.

Überdies lebt Demokratie von guten Kompromissen. Sie ist die Staatsform ständiger Verhandlungen unter Widersachern. Wie der Populismus haben der Medienbetrieb im Allgemeinen und der Boulevard im Besonderen jedoch einen Heißhunger auf Konflikte. Streit ist der Stoff, der Menschen fesselt: Freund gegen Feind im Sinne der Dramaturgie und ungewollt auch des Nazi-Staatsdenkers Carl Schmitt.

Populisten arbeiten daran, die Institutionen der Demokratie zu schwächen, um einen großen Anführer an die Macht zu tragen. Und sobald er regiert, sollen ihn auch keine *checks and balances* einschränken. Populismus ist antiinstitutionell, da er auf das Personelle baut: »Starke Männer«, inzwischen auch Frauen, sollen das Land führen. Ebenso personalisiert der Klick-Boulevardismus auf Teufel komm raus. Solche Hyperpersonalisierung spielt den Autoritären in die Hände, schleichend relativiert sie die Institutionen der nationalen Demokratie und der EU (zur Hyperpolitik siehe S. 138 ff.). Ein Teil des Medienbetriebs lässt diese demokratischen Institutionen sowieso weitgehend außer Acht, da sie nicht »sexy« sind.

Das Personenkarussell und die oft reizvollen Personenspielchen sind gewiss eine Konstante der Mediengeschichte. Der Journalismus hebt Persönlichkeiten aufs Podest, um sie schadenfreudig vom Sockel zu stürzen, wie das eine Zeit lang der Grüne Robert Habeck erfahren musste. Wehe dem, den die Medien zu sehr lieben. Uralt ist das Stilmittel vom Aufstieg und Fall. Je größer die Fallhöhe, desto spannender die Berichte. Doch treiben jetzt vier Faktoren die Personalisierung auf die Spitze.

- Vom Fernsehen bis YouTube – die visuelle Welt lebt von Personen. Anders als in geschriebenen Medien, im Hörfunk und in Podcasts, in denen sich begrifflich diskutieren lässt, müssen Film und Video jeden Gedanken »bebildern«, ihn also personalisieren.
- Komplexe Mechanismen zu analysieren erfordert genauere Kenntnisse, als die Akteure abzubilden. Die abnehmende Fachkompetenz und zunehmende Zeitnot mancher Redaktion verstärken den Trend, sich an Personen zu halten. Das Starsystem ist da Sinnbild und Strukturmerkmal (siehe auch S. 47).
- Das *horse race* (Pferderennen) rückt ins Zentrum der Wahlkampfberichte: wer denn aufs richtige Pferd

setze, welcher Kandidat die cleverste Taktik verfolge, welches Thema »ziehe«. Zur Fußnote verkümmert die eingehende Prüfung der Vorschläge von Bewerberinnen und Bewerbern. Was würde deren Umsetzung erfordern? Welche Interessen stecken dahinter? Wer zählte zu den Gewinnern, zu den Verlierern? Wie sind sie zu finanzieren? Ohnehin gilt die Vorliebe des Fernsehens dichten Statements, *soundbites* wie »Yes we can«. Im Lauf der Jahrzehnte schmolz die Dauer von Politiker-Zitaten in TV-Berichten von Minutenlänge auf Sekundenkürze. Das ruft nach Virtuosen der Straffung, nicht der Vertiefung.

– Die Weltunordnung und »Neue Unübersichtlichkeit« (Jürgen Habermas) in der Zeitenwende weckt die Sehnsucht nach Komplexitätsreduktion in Gestalt von Macherinnen und Machern, die »durchregieren«. Etliche Medien bedienen dieses immerfort enttäuschte Verlangen nach definitiven Hoffnungsträgern.

Autoritären hilft zudem das – in der Polykrise unzeitgemäß gewordene – Diktum »Good news are no news«, gute Nachrichten sind keine Nachrichten, denn sie interessierten niemanden. In der Opposition sind Populisten ebenfalls Nihilisten, sie lassen nichts gelten, nichts ist gut. Selbst Positives hat für Negativität zu sorgen. So geriet der Kulturkampf gegen die in Europa zum Glück ziemlich periphere »Cancel Culture« zum zentralen Business und Showbusiness einiger Populisten und Feuilletonisten. Selten hatte ein Phänomen so wenig reale Bedeutung im Alltag der Menschen, aber so viel journalistische und dann mentale Präsenz.

Je höher Migrationsfragen auf der populistisch-medialen Agenda aufrücken, desto leichter lässt sich das Stilmittel »Wir gegen die anderen« einsetzen. Jahr für Jahr veröffentlicht der Präsident des Bundeskriminalamts in Wiesbaden die Kriminalstatistik. 2024 trat Holger Münch dem Vorurteil entgegen, Ausländerinnen und Ausländer seien »prinzipiell krimineller«, so wie er schon 2023 betont hatte, die Ausländerkriminalität sei »nicht alarmierend«.[33] Alarm herrscht aber im Medienbetrieb. Nur eine Minderheit der Redaktionen trifft den Unterschied zwischen ansässigen Ausländern (die genau besehen Inländer ohne deutschen Pass sind) und Durchreisenden, die etwa als »Kriminaltouristen« ein Viertel der nichtdeutschen Tatverdächtigen ausmachen. Nur eine Handvoll Medien verweist auf soziale Ursachen, die stärker wirken als kulturelle Prägungen. Kaum je wird erwähnt, dass Ausländer öfter als Deutsche kontrolliert oder angezeigt werden, was die Statistik beeinflusst. Ganz zu schweigen davon, dass im Verhältnis zur nichtdeutschen Wohnbevölkerung der Prozentsatz der ansässigen nichtdeutschen Tatverdächtigen stagniert oder leicht sinkt.

Überzieht der Medienbetrieb die Gesetze der Aufmerksamkeitsökonomie, schwingt ein autoritärer Zug mit. Klicks sind reaktionär? Klicks können autoritär werden. Im Datenmeer fällt es Redaktionen schwer,

Kurs zu halten. Von Berufs und ihrer Neugierde wegen greifen manche Journalisten rasch die jüngste Stimmung auf in der Stimmungsdemokratie, sie halten sich für Trendsetter und sind doch Follower. Halb zieht es sie, halb sinken sie hin bei ihrer Neigung, dort zu sein, wo gerade die Musik spielt und der Zeitgeist herumgeistert: auch eine *déformation professionelle*, ja ein branchenstruktureller Opportunismus. Solches *anything goes* ist das Kennzeichen der Autoritären, die auf sozialen Plattformen den Ton angeben.

So ist auch jeder Standpunkt okay, der für Kontrast sorgt. Beispielsweise wird ein sehr ökologisch arbeitendes Unternehmen kritisiert, weil es wenig Gewinn erzielt, und eine sehr profitable Firma, weil sie zu wenig ökologisch arbeitet. Der Journalist oder die Moderatorin vertritt eine vielleicht wenig substanzielle Gegenmeinung nur um der Spannung willen. Daraus erwächst ein journalistischer Konformismus des Kontrapunkts. Auch die Moral ist situativ, so ist die Rüstungsindustrie je nach Weltlage mal schlimm, mal gut. Vor allem sind die digitale Klick-Dramaturgie und Klick-Demagogie nichts anderes als Fast Food – kurzfristig gefällig, mittelfristig repetitiv und langfristig das, was sie fast verzweifelt zu durchbrechen versuchen: Routine.

Der Journalismus ist ein Metier, das sich seit je selbst gefährdet. Wie wird er bestehen: gegen seine Feinde, die er stärkt, und gegen sich selbst? Immer deutlicher widersprechen sich die Gesetze des Medienbetriebs und die des Journalismus. Hält der Journalismus stand?

5
Wie sich der Journalismus selbst helfen kann

In der führenden spanischen Zeitung *El País* veröffentlichte 2015 der Schriftsteller Fernando Aramburu eine kleine Sammlung Aphorismen, darunter: »Ich verdanke dem Pessimismus einige der glücklichsten Augenblicke meines Lebens.«[1] Wer nach Lösungen sucht, um den Journalismus vor den Medien zu retten, hat wohl keine andere Wahl als die des »glücklichen Pessimismus«.

Journalistinnen und Journalisten üben einen auf schlechte Nachrichten erpichten Beruf aus. In der heutigen Polykrise und zumal der Medienkrise wächst und wächst zwar der Journalistenpessimismus, nicht selten lähmt er. Manchmal jedoch weckt ausgerechnet eine düstere Perspektive frische Energien, gemäß dem Prinzip Trotzdem. Illusionslos, aber hoffnungsfroh. Dieser Beruf schöpft seine Kraft gerade auch aus dem Negativismus, der ihn durchdringt.

Zunächst, vor allen anderen Maßnahmen, muss der Journalismus sich selbst helfen: indem er charakterfest bleibt, statt dass der Chefredakteur in der Morgenkonferenz eines Leitmediums den meistgelesenen Artikel des Tages rühmt, nämlich den über Achselschweiß. Vielen Redaktionen kommt es vor allem darauf an, ob ein

Beitrag beim Publikum »läuft« oder eben nicht. Seltener diskutieren sie das Entscheidende, nämlich die Stärken und Schwächen des Artikels.

Den Grundgedanken der Pressefreiheit nicht vergessen

Auch wenn sich der Journalismus untreu wird, schützt ihn die Medienfreiheit. Ebenso deckt sie natürlich rein kommerzielle Angebote. Aber dieses Grundrecht wurde nicht eigentlich zu merkantilen Zwecken eingerichtet. Als nach der Nazi-Diktatur 1948/49 der Parlamentarische Rat in Bonn tagte und die Pressefreiheit in Artikel 5 des Grundgesetzes beschloss, hatte er die Bürgerinnen und Bürger im Blick, nicht unbedingt die Verbraucherinnen und Verbraucher. Die 61 Verfassungsväter … und vier Verfassungsmütter waren sich »völlig darüber einig, dass eine freie, nicht von der öffentlichen Gewalt gelenkte, keiner Zensur unterworfene Presse das Fundament einer freiheitlichen Demokratie ist«, daran erinnerte 2010 der damalige Bundestagspräsident Norbert Lammert in einem glänzenden Essay über Wahrheit und Demokratie.[2]

Sockel dieser Demokratie bleibt ein Journalismus, der den Schwerpunkt auf Politik und Kultur, Gesellschaft und Wirtschaft, Wissenschaft, Bildung und Religion erörtert, die wichtigsten Facetten der öffentlichen Sache. Die Pressefreiheit allerdings gewährleistet das gesamte Sortiment. Dazu gehört das Unpolitische, das in fast allen Medien viel Platz einnimmt. Konsumismus, Eskapismus und Lebenshilfe sind nicht länger der Beritt der Lifestyle-, Special-Interest- und People-Medien (lauter Anglizismen aus der Welt des *product marketing*). Wenden sich politische Medien immer öfter an den Verbraucher oder den gleichsam per definitionem »geplagten Steuerzahler«, schmälern sie allmählich den Gemeinsinn, verändern sie unmerklich den Charakter der Demokratie – zum Nachteil der Pressefreiheit. Geht es ausgeprägter denn je um den Kommerz, erscheint Pressefreiheit nicht so sehr als ein Grundrecht und viel stärker als eine Art Wirtschaftsfreiheit, in die Eingriffe von Regierung, Verwaltung und Parlament zulässig, ja üblich sind.

Demokratie braucht stolze Bürgerinnen und Bürger, Marktwirtschaft willige Verbraucherinnen und Verbraucher. Diesen Gegensatz hebt der Populismus auf, der weniger die Bürger als vielmehr die »Verbraucher von Politik« bedient und das Angebot nach ihrer kurzfristigen Nachfrage ausrichtet. Konsumenten von Politik sehen den Staat vornehmlich als Dienstleister, der ihre Bedürfnisse zu decken hat. Populistische Politik will diesen »Staatsnutzern« nichts zumuten. Gleichlaufend kann ein opportunistischer Journalismus, der sich den Mediennutzern anbiedert, ungewollt das Spiel der Rechtsautoritären spielen, selbst wenn er sie missbilligt. Er schwächt die demokratische Deliberation und Lernfähigkeit.

Entfremdet sich die Presse dem Grundgedanken der Pressefreiheit, erweist sie sich einen schlechten Dienst. Politik und Staat werden den Journalismus nachhaltig stützen, wenn er tatsächlich ein demokratisches »Fundament« bleibt – das nicht bloß in den Verkündigungen der Verlegerverbände, den Bekenntnissen öffentlich-rechtlicher Medienhäuser oder den Lehrbüchern des Journalismus beschworen wird (von denen einige die Verantwortung für die Demokratie ebenso knapp wie oberflächlich erörtern).

Pressefreiheit bedingt, dass auch autoritäre Verneiner der Pressefreiheit »keiner Zensur unterworfen« sind. Doch nicht alle sahen das so im traumatisierten Nachkriegsdeutschland. 1948 betonte im Parlamentarischen Rat der große Sozialdemokrat und Staatsrechtler Carlo Schmid: »Wir wollen nicht mehr, daß man sich auf das Grundrecht der Pressefreiheit berufen kann nur zu dem einen Zweck, die Republik zu beseitigen, um an ihre Stelle eine Diktatur zu setzen, die keine Pressefreiheit mehr kennen wird!«[3]

Carlo Schmid sprach im Geist des liberalen Philosophen Karl Popper, der 1945 im Rückblick – und mit Weitblick auf postfaktische Zeiten – geschrieben hatte: Wenn

> wir nicht bereit sind, eine tolerante Gesellschaftsordnung gegen die Angriffe der Intoleranz zu verteidigen, dann werden die Toleranten vernichtet werden und die Toleranz mit ihnen. Damit möchte ich nicht sagen, daß wir zum Beispiel intolerante Philosophien auf jeden Fall gewaltsam unterdrücken

> sollten; solange wir ihnen durch rationale Argumente beikommen können und solange wir sie durch die öffentliche Meinung in Schranken halten können, wäre ihre Unterdrückung sicher höchst unvernünftig. Aber wir sollten für uns das Recht in Anspruch nehmen, sie, wenn nötig, mit Gewalt zu unterdrücken; denn es kann sich leicht herausstellen, daß ihre Vertreter nicht bereit sind, mit uns auf der Ebene rationaler Diskussion zusammenzutreffen, und beginnen, das Argumentieren als solches zu verwerfen; sie könnten ihren Anhängern verbieten, auf rationale Argumente – die sie ein Täuschungsmanöver nennen – zu hören.[4]

Konrad Adenauers Innenminister Robert Lehr scheiterte 1952 mit dem Entwurf eines Pressegesetzes, das die Schließung »staatsfeindlicher« Blätter ermöglicht hätte. Der Kanzler ging sofort auf Distanz. In der Geschichte der Bundesrepublik wurden Medien bedrängt und extremistische Publikationen wegen »Anleitung zu einer Straftat« oder sonstiger gesetzwidriger Inhalte beschlagnahmt. Aber dem Verbot eines deutschen Mediums, etwa weil es die freiheitliche demokratische Grundordnung abschaffen wolle, fehlt die eindeutige rechtliche Grundlage. Unter Juristen umstritten ist der Umweg über ein behördliches Auflösen von verlegerisch tätigen Vereinen und Firmen. Wiederholt erließ das Bundesinnenministerium solche »Vereinsverbote«. Zuletzt sperrte es im Juli 2024 die COMPACT-Magazin GmbH, die das gleichnamige rassistische und antisemitische Magazin verlegte. Verboten wurden auch dessen Ableger CONSPECT-FILM GmbH samt 15 Webseiten, Online-Kanälen und Messenger-Konten. Der Verband der Zeitschriftenverleger distanzierte sich »ausdrücklich von den Inhalten des betroffenen Magazins«, bemängelte jedoch den »schwerwiegenden Eingriff in die durch das Grundgesetz geschützte Pressefreiheit«. Zu Recht betonten die Verleger, ein solches Verbot müsse »letztlich durch die Gerichte und nicht von der Exekutive entschieden werden«. Allemal dürfte zuletzt das Bundesverfassungsgericht, wenn nicht der Europäische Gerichtshof für Menschenrechte in Straßburg, die Verfügung des Bundesinnenministeriums prüfen – denn die Feinde der Grundrechte zögern nie, sich in eigener Sache auf dieselben zu berufen. Tatsächlich, das Bundesverwaltungsgericht setzte in einem Eilverfahren das Erscheinungsverbot einstweilen aus.

Etwas weniger kontrovers war 2022 der Beschluss der Europäischen Union, die zwei russischen Desinformationskanäle RT (früher Russia Today) und Sputnik zu verbieten und die »Medienmaschine des Kremls in der EU« stillzulegen, so Kommissionspräsidentin Ursula von der Leyen. Brüssel stellte dieses Verbot als absolute Ausnahme dar: »Wir alle stehen zur Meinungsfreiheit, aber sie darf nicht dazu missbraucht werden, Kriegspropaganda zu verbreiten«, bekräftigte die EU-Kommissionsvize Věra Jourová: »Außergewöhnliche Zeiten verlangen nach außergewöhnlichen Maßnahmen.« Und die Europäische Union legte nach, 2024 sperrte sie drei weitere russische Medien, darunter *Voice of Europe*.

Wer das journalistische »Fundament der Demokratie« legt, die Pressefreiheit sichert, hat viel Ambivalenz zu ertragen. Dieses Grundrecht ist eine Voraussetzung von Demokratie, sein Missbrauch schwächt sie. Aber es macht ebenso das Wesen guter Demokratien aus, dass sie den möglichen und sogar wahrscheinlichen Missbrauch von Freiheiten zunächst in Kauf nehmen: Der Nutzen der Pressefreiheit überwiegt bei Weitem den Schaden ihrer Zweckentfremdung. Die Ultima Ratio des Verbots von Medien verweist jedoch auf die latente Anfälligkeit dieses Grundrechts. Es würde nicht schaden, wenn der Medienbetrieb den Sinn für die Fragilität seiner Grundlage schärfte.

Hyperjournalismus als Abbild der Hyperpolitik? Die fällige Vergewisserung

Der Journalismus muss sich seiner selbst vergewissern. Das fängt damit an, dass er seine radikal neuen Rahmenbedingungen stärker reflektiert – nicht bloß wie üblich den digitalen Umbruch, sondern auch die gesellschaftliche Zeitenwende.

Wirtschaftlich erlebte die Presse eine Blütezeit im späten 19. und im 20. Jahrhundert, als die Gesellschaft stark politisiert und durchorganisiert war in Parteien, Gewerkschaften, Vereinen, Kirchen. Die Massenmedien expandierten während der langen Epoche der »Massenpolitik«, um die Begrifflichkeit des belgischen Ideenhistorikers Anton Jäger aufzugreifen.[5] Damals galt der Primat des Politischen, der Journalismus war politisch bis hoch ideologisch. Parteizeitungen rivalisierten, Pressefehden tobten, spitze Federn stachen.

Die öffentliche Sache war auch eine stilistische. Vom Bildungsbürgertum bis zur bildungshungrigen Arbeiterbewegung – eine Tradition von Schriftsteller-Journalisten verknüpfte Politik und Kulturkritik. Dazu zählten Alfred Kerr (geboren 1867, unter anderem *Frankfurter Zeitung*), Theodor Wolff (1868, *Berliner Tageblatt*), Karl Kraus (1874, *Die Fackel*), Egon Erwin Kisch (1885, *Bohemia*), Kurt Tucholsky (1890, *Die Weltbühne*). Nach der Nazi-Zeit folgten – den Journalismus weniger prägend – etwa der konservative Joachim Fest (1926, *Frankfurter Allgemeine*) oder Willy Brandts Redenschreiber und Kanzlerberater Klaus Harpprecht (1927, *Die Zeit*) und andere. Als Harpprecht 2009 den Hamburger Lessing-Preis erhielt, lobte die Jury die »erstaunliche Synthese von Kultur und Politik, Macht und Geist, Journalismus und Literatur«, repräsentativ für einen inzwischen selten gewordenen Journalismus, der mehr ist als Journalismus – und für den heute auf ihre Art Carolin Emcke oder Masha Gessen (beide 1967 geboren) stehen.

In der Einteilung Anton Jägers folgte auf die Massenpolitik die »Postpolitik«. Es galt der Primat des Ökonomischen, Politik war eine Restgröße. Diese Phase währte bis zum Fiasko des Wirtschaftsliberalismus in der Finanzkrise von 2008. Die Globalisierer schwelgten in der Illusion eines Weltmarkts, der sich dem Zugriff der Politik, der Staaten und der Demokratie entzöge. Qualitätszeitungen bauten ihren Finanzteil aus, »It's the economy, stupid!«. Der Vorrang des Ökonomisch-Privaten prägte die begabte »Generation Golf«, der die Wahl des coolen Mode-Labels mehr galt als die einer Partei oder Bewegung.[6] Den Weg zum Ultra-Individualismus – zum Kult des Narzissmus – ebneten sogenannte Zeitgeist-Magazine wie *Tempo* und *Trans-Atlantik*. Diese glitzernden Blätter gingen nach getaner hedonistischer Arbeit in den 1990er Jahren ein.

Doch was bedeutet es, wenn seit den 2020er Jahren nun auch politische Leitmedien intensiv die Privatsphäre ihrer Nutzerinnen und Nutzer spiegeln, ins *life coaching* eingestiegen sind, für die Hygiene von Körper und Psyche sorgen, »mens sana in corpore sano«? Wo die große Politik mehr Krisen verwaltet als Probleme meistert, haftet kleinen Wohlfühllösungen etwas Kompensatorisches an. Das mag Anton Jägers These stützen, dass eine neue Periode angebrochen ist: die der oft folgenlosen »Hyperpolitik« in Betroffenheitsdemokratien.

In der Ego-Gesellschaft wirkt manch Privates sehr politisch und manch Politisches auch privat. Einerseits setzt sich »die aggressive Individualisierung« fort, wie Jäger schreibt. Darauf deutet die weitere Destabilisierung herkömmlicher Kollektive wie Parteien, Gewerkschaften und Kirchen. Andererseits politisiert sich vieles, das früher dem Individuell-Privaten zugeordnet war. Das erstreckt sich nicht nur auf Fragen rund um sexuelle Orientierung und Identität oder um Geschlechtergerechtigkeit wie den Queer-Aufbruch und #MeToo, sondern ebenso auf Debatten über die Umweltverträglichkeit des eigenen Verhaltens, ob Mallorca-Flug, Fleischverzehr oder Kinderhaben. Von persönlichen Betroffenheiten her ist die Gesellschaft repolitisiert. Klimaschützerinnen und -schützer betonen das »Private« an ihrem Aktivismus, nämlich die Sorge um das Überleben ihrer künftigen Kinder. Wenig institutionalisierte Bewegungen schnellen empor: Fridays for Future, abgelöst von Extinction Rebellion und Letzte Generation; oder aber Frankreichs militant antiökologische Gelbwesten und der europäische Bauernprotest; auf ganz anderem Feld Black Lives Matter oder die Kundgebungen gegen die AfD 2023/24. Fast alle entstehen aus Empörung, spontan, schnelllebig wie die Online-Welt mit ihren Shitstorms. »Freundschaften, Ehen, Jobs und politisches Engagement spielen sich in immer kürzeren Zeitspannen ab«, so Jäger. In der hyperpolitischen Gereiztheit seien viele Zeitgenossen wütend, verwirrt, einsam, aber vernetzt.

Hier setzt eine Art affektiver Hyperjournalismus an, der die Nutzerinnen und Nutzer dort abholt, wo sie sind: sowohl in ihrem Privatleben als auch bei ihrer persönlichen Betroffenheit. Im politischen Ressort und im Feuilleton werden Kulturkämpfe ausgetragen, Gendern versus generisches Maskulinum, Canceln oder *anything goes*, SUV-Fahrer kontra Lastenradfahrerin, Klima statt Wachstum. Und für Ausgleich sorgt die softe Betreuungskultur. »Zu kleinen und großen Kümmernissen fragen Sie Ihre Journalistin, Ihren Journalisten oder Ihre Redaktion!« Doch deren Antwort fällt nicht lustbetont aus wie ehedem in den Zeitgeist-Magazinen, sondern mit erhobenem Zeigefinger. Ein pädagogischer Journalismus nimmt den Mitmenschen in Zucht, gesund zu essen, sich zu bewegen, Muskeln und Hirn zu trainieren.

Der Welt der nationalen und internationalen Politik fehlt es an Vorbildern, die Welt der Konzerne hat ihren postpolitischen Führungsanspruch verspielt. Also baut der Medienbetrieb gern auf Autoritäten der Privatsphäre. Der große Bogen spannt sich vom Weltverbesserungsjournalismus der Nach-68er-Zeit zur individuellen Optimierung von *body & soul*. Unversehens grenzt unpolitische Lebensberatung an das hochpolitische *nudging*, wie Verhaltensökonomen das Stupsen zu Verhaltensänderungen nennen – Menschenverbesserungsjournalismus. Die Aufmerksamkeitsökonomie nutzt das invasive Rüstzeug der Verhaltensökonomie, so wie lauter Psychologen die Algorithmen austüfteln, die raffiniert die Nutzerinnen und Nutzer sozialer Plattformen steuern.

Ausgerechnet in Zeiten der Interaktivität gerät das Publikum zum Objekt, zum Klienten des Coaching und Patienten medialer Therapeuten, als gelte noch immer der Begriff der »passiven Öffentlichkeit«, den Ralf

Dahrendorf 1967 zu Zeiten der Massenmedien und Massenpolitik prägte.[7] Die Branche redet vom Dialog mit der Online-Community. Aber nichts ist selbstbezogener als der Ich-Journalismus, nichts monologischer als der Betreuungsjournalismus. Der Interviewer ist bloß Stichwortgeber der Expertinnen und Experten, statt kritisch nachzufragen. Paternalistisch wird ein unmündiges Publikum angewiesen und »behandelt«.

Anfang 2024 titelte ein politisches Online-Medium volkspädagogisch: »Wird man krank, wenn man mit nassen Haaren rausgeht?« Die Frage nach der eigentlichen Substanz des Journalismus hatte schon 1910 Karl Kraus sarkastisch beantwortet: »Ein Feuilleton schreiben heißt auf einer Glatze Locken drehen; aber diese Locken gefallen dem Publikum besser als eine Löwenmähne der Gedanken.«[8] Von der Mähne über die Haarlocke zum kahlen Service-Journalismus, der das weltbewegende Fazit zieht: »Viel wichtiger als Haareföhnen ist jedoch, allgemein auf Gesundheit und Psyche zu achten.«

Ungemütlich wird's, wenn Journalismus den Stolz verliert aus purem Drang, »nah bei den Leuten« zu sein. Transparenz zu schaffen ist seine Aufgabe, jedoch nicht im Sinne verzweifelter Durchschaubarkeit beim Kundenfang. Versucht er per Schmus die Medienkrise zu meistern, verliert er weiter an Gewicht. Journalismus hat Zukunft, sofern er mehr dank seiner Tugenden ärgert als wegen seiner Unarten: solange er journalistisch bleiben will.

Mehr zum Nutzen oder Schaden der Demokratie? Die Gretchenfrage stellen

Auf der Suche nach Lösungen folgt deshalb ein Vorschlag durchaus im Geist der Transparenz: Nötig ist unter Journalistinnen und Journalisten eine Verstetigung und Verbreiterung der bisher lediglich verstreut stattfindenden öffentlichen Debatte darüber, was Journalismus heute will und nicht wollen sollte. Fällig ist eine Diskussion über den eigenen Beruf – nicht nur in den Redaktionen (die weniger konferieren, da sie mehr produzieren), nicht nur in vorzüglichen Fachmedien, sondern auch in den Publikumsmedien. Sinnvoll wäre ein jährliches »Gipfeltreffen« des deutschen Journalismus, der einzig dem Berufsethos und den Fehlentwicklungen im eigenen Gewerbe gewidmet wäre. Den Ausgangspunkt würde die Krise des Journalismus bilden und nicht wie üblich die Krise der Medienbranche und ihres Geschäftsmodells.

Der Demokratie dienen: Sinkt diese Hauptsache langfristig zur Nebensache herab? Die Nutzerinnen und Nutzer erreichen: Steigt diese wesentliche Nebensache zur Hauptsache auf? Ein Journalismus fast ohne Publikum brächte der Demokratie wenig. Aber ein wirtschaftlich bedrängter Journalismus, den die Not unwählerisch macht beim Einsatz der Mittel und der sich an das Publikum anschmeißt, kann der Demokratie schaden, so zum Beispiel

- wenn politische Medien der öffentlichen Sache weniger Raum gewähren, um sich »volksnah« an den Verbraucher zu wenden.
- wenn die Berichterstattung das unterbelichtet lässt, worauf die Demokratie im Nationalstaat wie in der EU gründet: die politischen Institutionen, die per definitionem langsam arbeiten und in dem Ruf stehen, »langweilig« zu sein.
- wenn journalistischer Nihilismus nichts gelten lässt, aber von der Politik stets mehr einfordert, als sie im besten Fall leisten kann.
- wenn sich der Journalismus den Aufmerksamkeits- und Lenkungsstrategien der Antidemokraten beugt, ihre Agenda aufwertet.
- wenn die veröffentlichte Meinung allzu gern Klischees bedient und einen Wesenszug der Demokratie als »Basar« schlechtmacht, nämlich die mühselige Suche nach Kompromissen, die viel wertvoller sind als klickmaximierende Konflikte.

Verhandeln in Brüssel die EU-Mitglieder tage- und nächtelang, ist das kein unwürdiges »Feilschen«, wie oft zu lesen, sondern ein zivilisatorischer Fortschritt gegenüber der Epoche jenes Nationalismus, der Konflikte ausarten ließ. Darin liegen »Wert und Würde des Kompromisses«, den Autoritäre ablehnen, da sie Würde und Wert der Demokratie verneinen.[9] Der Journalismus darf ihnen die Arbeit nicht erleichtern.

Immer wird es guten, mittelmäßigen, schlechten und miesen Journalismus geben. Auch dieser Wirtschaftszweig (der zudem ein Zweig der Demokratie ist) kennt die Gauß'sche Kurve: die Normalverteilung der Begabungen, der Charakterstärke, des Verantwortungsbewusstseins und der glücklichen bzw. unglücklichen Hand. Es kommt auf die Journalistinnen und Journalisten an und darauf, inwiefern sie sich den populismusfreundlichen Mechanismen des Medienbetriebs beugen oder aber die demokratiefreundlichen Grundsätze des Journalismus hochhalten.

Die Zukunftsfrage ist, inwiefern der extrem werdende Wettbewerb um das knappe Gut Aufmerksamkeit langfristig mehr zugunsten oder mehr zulasten des Dienstes an der Demokratie ausgehen wird, den freie Medien leisten. Wie verändert sich diese Proportion? Nur wenige Medienleute stellen sich die Frage. Natürlich wird sie je nach Standpunkt unterschiedliche Antworten finden. Aber ob der Journalismus demokratiefreundlicher werden könnte, ist ein journalistisches Thema, das auf die Webseiten und in die Zeitungsspalten gehört. Redakteurinnen und Redakteure sollten ihren Beitrag zur Standortbestimmung leisten: Was heißt es in hyperpolitischen Zeiten, Journalismus im Sinne der *res publica* zu machen?[10]

Bei der Bandbreite publizistischer Ansätze, Formen, Traditionen, Temperamente, Ausrichtungen und Zielgruppen wird ein solcher Diskurs – zum Glück – nie in irgendeinen Minimalkonsens münden. Ganz im Gegenteil könnte er zu größerer Vielfalt einladen. Wenn sich die gängigen Aufregungssteigerungsmittel abnutzen, dürfte das Gebot »Differenzierung statt Gleichförmigkeit« in den Mittelpunkt rücken. Genau das fordern in ihren Medienhäusern viele Journalistinnen und Journalisten, eher vergeblich. Ihnen den Rücken zu stärken in ihrem Tauziehen mit datengesteuerten Inhaltemanagern lohnt sich. Auf die Widerborstigkeit von Redaktionen – die vor der Medienkrise größer war – kommt es an. Die Qualität der Demokratie hängt von der Würde und vom Wert des Journalismus ab.

Eine andere Aufmerksamkeitsökonomie

Binsenwahrheit: Nur glaubhafte Medien dienen glaubhaft der demokratischen Sache. Daraus folgen zur Diskussion sieben Thesen für eine andere, nachhaltigere Aufmerksamkeitsökonomie; sie baut auf wirkliche Aufmerksamkeit – konzentriert bei der Sache – statt auf die flüchtige »Aufmerksamkeitsillusion« des großen Aufsehens und Aufputschens.

1. **Aufregung ist langweilig.** Genauer gesagt: Schnell mal Aufregung zu stiften in der Hoffnung auf Aufmerksamkeit verhindert sorgfältiges Lesen, eingehendes Zuhören, intensives Zuschauen. Die Affekt- und Effekthascherei wirkt wie eine anstrengende Begleitmusik. Zum Beispiel: Einer pfiffigen Über-

schrift ist rasch anzusehen, ob sie einzig ihrer Pfiffigkeit wegen dasteht – und gleich ödet sie an. Gutes Handwerk zeigt nicht seine Absicht, sondern beweist sein Können. Und bekundet Mut zur Langeweile.

2. **Tricks kosten Aufmerksamkeit.** Die üblichen Kniffe und Schliche, um die Klickzahl zu pushen, können viel Publikum locken, binden es aber nicht und verkürzen seine Aufmerksamkeitsspanne. Zum Beispiel: Im Vorspann eines Beitrags werden die News bloß angeteasert und erst im fünften Absatz mitgeteilt; das soll zu längerer Lektüre veranlassen. Doch bald durchschaut das Publikum die Verhaltensmanipulation und verfolgt Vermeidungstaktiken. Es überfliegt die Beiträge bis zum relevanten Punkt und steigt dann gleich aus. Im Ergebnis ernten die Artikel bloße Aufmerksamkeitsschnippel.
3. **Aufmerksamkeit erwächst aus der Substanz.** Je härter die Fakten, umso kühler darf der Ton der Berichterstattung bleiben. Zum Beispiel verringert jener Investigativjournalismus, der seine Enthüllungen zu hoch dramaturgischen Storys auftakelt, seine Glaubhaftigkeit. In den Worten von Nobelpreisträger Dmitri Muratow genügt es, die Fakten sprechen zu lassen. Abgesehen davon wirken durchkomponierte Reports mit einem Stich ins Möchtegernliterarische trivial bis manieristisch. Sie wecken den Eindruck, der Autor nehme sich wichtiger als seinen Gegenstand und sein Publikum.

4. **Übertreibungen verspielen Aufmerksamkeit.** »Alles Exzessive ist belanglos«, wusste schon Charles-Maurice de Talleyrand, der französische Machiavelli. Wie ein Soufflé fällt Aufgeblasenes in sich zusammen. Unnötiges Anspitzen stumpft ab. Zum Beispiel ist eine Debatte kein Streit, ein Dissens kein Zank und eine Auseinandersetzung kein Zwist. Wer jede in der Politik übliche Aushandlung und entsprechende Reibung überzeichnet, relativiert die wirklich erheblichen Machtproben. Wer jede Panne oder Dummheit zu Affären stilisiert, entwertet journalistische Kritik. Ohnehin, der schlimmste denkbare Ausgang einer Story ist nur selten der wahrscheinliche. Das Publikum ermattet, wenn der Journalismus im Zweifel die Schreckensszenarien bevorzugt und die Fortsetzung unguter Entwicklungen extrapoliert, obwohl die Historie aus lauter Brüchen besteht.
5. **Intelligenz weckt Aufmerksamkeit.** Gescheites Darlegen weiterführender Überlegungen kann auch das breite Publikum eher mitnehmen als Emotionalisierung. »Gefühle abmelken«, nennt das Jan Böhmermann. Als Allzweckwaffe wird der Appell an Gefühlsregungen so oft eingesetzt, dass ein Teil des Publikums indolent wird, gerade im TV-Journalismus. Zum Beispiel: Dröhnende Hintergrundmusik ist mittlerweile ein Indiz, dass im laufenden Dokumentarfilm die Passage nicht ganz so dramatisch ist, wie sie sein möchte.

6. **Unterscheidbarkeit schafft Aufmerksamkeit.** Wandeln immer mehr Anbieter auf immer stärker ausgetretenen Pfaden, langweilt der Journalismus. Er lebt vom Ideenreichtum, der Experimentierfreude. Auf mittlere Frist bringt ein inhaltlich profiliertes Angebot mehr Wettbewerbsvorteile als ein lautes.
7. **Aufmerksamkeit heute entstand gestern.** Die Vorstellung, ein Medium müsse seine Nutzerinnen und Nutzer in jeder Sekunde für sich einnehmen, jeden Beitrag offensiv verkaufen und »Aufmerksamkeit sofort!« schaffen, verkennt das Publikum. Denn es lebt nicht nur im Jetzt. Es erinnert sich an Medien, die falschlagen (siehe S. 103); oder die ganz früh richtiglagen; oder die es auf sich nahmen, Unpopuläres zu vertreten, das später einleuchtete. Zum Beispiel: Die Erfolgsgeschichte der *Zeit* in ihren Anfängen gründete darauf, dass die Wochenzeitung – wider den Strom des Kalten Kriegs – seit Mitte der 1950er Jahre für den Dialog der Bundesrepublik mit der DDR eintrat. Auch der *Spiegel* und die *Süddeutsche* waren Vorreiter jener lang verteufelten Ostpolitik, die Kanzler Willy Brandt und seine christ- oder sozialdemokratischen Nachfolger von 1969 an mit wachsender Zustimmung verfolgten. Den Mut der Redaktion und ihres Verlegers honorierte die Leserschaft der *Zeit*; ihre Auflage verfünffachte sich von 50000 im Jahr 1957 auf 250000 im Jahr 1968.[11] Was in der analogen Medienwelt galt, muss in der digitalen Beschleunigung nicht falsch sein. Aufmerksam-

keit ist eine Frage des Weitblicks wie des Augenblicks.

Journalismus mehr als Projekt denn als Produkt

Journalismus ist am besten beides – verkäufliche Dienstleistung und gedankliches Projekt. Die journalistische Arbeit als ideelles Vorhaben stärker in ihr Recht zu setzen verspricht frischen Erfolg. Das zeigt die Blüte großer Dokumentarfilme, deren Handschrift Maßstäbe setzt. In letzter Zeit erhielten sie bei den Internationalen Filmfestspielen Berlin (Berlinale) höchste Auszeichnungen, einen Goldenen und einen Silbernen Bären. Solche Kraft der Intention beweist sich auch in Streaming- und Fernsehserien, die bisweilen stärker das politische Bewusstsein schärfen als journalistische Informationen. Paradigmatisches Beispiel war einst die US-Serie *Holocaust – Die Geschichte der Familie Weiss*, die 1978 viele Deutsche erst richtig mit der Vernichtung der europäischen Juden konfrontierte. Und selten wurde der Niedergang des Lokaljournalismus – in Gestalt der *Baltimore Sun* – so vorausschauend dargestellt wie 2002 in der fünften Staffel der TV-Kultserie *The Wire*. In der Bundesrepublik war 2023 die mit Abstand am häufigsten gestreamte und vom jungen Publikum am meisten geschaute Fernsehserie die ZDF-Produktion *Der Schwarm* entlang des Romans von Frank Schätzing und mit der Botschaft »Das Meer schlägt zurück«, samt Eintauchen ins Ökosystem der Ozeane.[12] Den weltweiten Streaming-Rekord aller Netflix-Serien erzielte *Squid Game*, eine Kritik des Hyperkapitalismus, der »in uns jeden Tag das Gefühl weckt, am Rande einer Klippe zu stehen«, so der südkoreanische Regisseur Hwang Dong-hyuk.[13]

In der überspannten hyperpolitischen Ära hat (und eröffnet) ein Journalismus der Substanz bessere Aussichten als der »Hyperjournalismus« in seinen drei Spielarten: der boulevardigen Akquise von Aufmerksamkeit; dem soft-invasiven Coaching; oder dem Propagandismus à la *Achtung, Reichelt!*. Alle drei haben den Hang, Relevanz zu simulieren.

In aufgeregter Zeit birgt ein redaktioneller Kurs des »unaufgeregten Erklärers«[14] gute Chancen, zumal einige soziale Plattformen der ständigen Erregung daran sind, ihren Zenit zu überschreiten. Noch steigt insgesamt die Nutzerzahl, doch der Einbruch von X, die Erosion von Facebook, das langsamere Wachstum von Instagram, der von den USA erzwungene Umbau von TikTok und die knallharte Gangart der Brüsseler Kommission als mächtigste Regulatorin sozialer Medien erinnern daran, dass die Bäume nicht in den Himmel wachsen.

Sinkt der Umsatz, bemüht sich jedes Unternehmen, trotz der nötigen Sparmaßnahmen die Qualität seiner Produkte und Dienstleistungen zu erhöhen. Anders viele Verlage, sie suchen ihr Heil in einer Qualitätsminderung. Das Gegenmodell einer anhaltenden Steigerung der Qualität bietet eine andere Branche, die noch traditionsreicher ist, der Weinbau. In Supermarktregalen findet sich nach wie vor Schund, sonst aber wurden im Lauf der Jahrzehnte die Weine besser. Selbst in einst drittrangigen Gegenden, gerade auch in Deutschland, keltern Winzerinnen und Winzer edelste Tropfen. Im Gleichmaß stiegen die Kenntnisse vieler Weintrinkerinnen und -trinker. Eine Spirale nach oben – eine reale Utopie für den Journalismus?

Dazu bedarf er, wie der Weinbau, beträchtlicher Staatshilfen. Ohne geht es nicht.

6
Die Infrastruktur der Demokratie instand halten: Eine Staatsaufgabe

Im Jahr 1766 unterzeichnete der schwedische König Adolf Friedrich – Spross aus dem Geschlecht der Schleswig-Holstein-Gottorf – die *tryckfrihetsförordningen.* Diese »Druckfreiheitsverordnung« verbriefte erstmals in der Geschichte die Pressefreiheit und zudem das Öffentlichkeitsprinzip, wonach im Grundsatz die Bürger Einsicht in behördliche Akten nehmen dürfen (was Bayern zum Beispiel noch nicht einmal heute zulässt).

Allerdings war der Durchbruch nicht von Dauer, denn der gutmütige König fraß sich zu Tode: Nach üppigem Mahl verschlang er zur Nachspeise 14 *semlor*, in heiße Milch eingelegte Semmeln, gefüllt mit Mandelmasse, worauf er einem Schlaganfall erlag. Sein machtbewusster Sohn Gustav III. schränkte die Pressefreiheit wieder ein. Doch machte er von der Zensur wenig Gebrauch, er wusste um den Trotz seiner Untertanen.

Die aktuelle *tryckfrihetsförordningen*, wie sie nach wie vor heißt, geht auf das Jahr 1949 zurück und hat Verfassungsrang. Weltweit findet sich keine stärkere Garantie der Medienfreiheit.[1] Die Justiz müsse »stets bedenken, dass die Freiheit der Presse eine Grundlage einer freien Gesellschaft ist«. Selbst bei Missbrauch dieser Freiheit sollen die Gerichte im Zweifel »eher freisprechen als verurteilen«. Ebenso drastisch der Quellenschutz: Wer vorsätzlich oder fahrlässig einen Informanten preisgibt oder nach ihm forscht, wird mit Geld- oder einer Freiheitsstrafe »bis zu einem Jahr« bestraft.[2]

Medienförderung stärkt Medienfreiheit

Vorbildlich sind alle nordeuropäischen Demokratien. Jahr für Jahr veröffentlicht Reporter ohne Grenzen seine »Rangliste der Pressefreiheit«.[3] Seit 2017 belegt Norwegen den Spitzenplatz. Schweden, Dänemark und Finnland wechseln sich meist auf den Rängen 2 bis 5 ab. Auch ist das Vertrauen in die Medien besonders hoch. 82 bis 88 Prozent der befragten Bürgerinnen und Bürger sind der Meinung, ihre überregionalen Medien informierten sie zuverlässig.[4] Nordeuropa indessen ist ein Hort nicht nur der Medienfreiheit, sondern auch der Medienförderung. Die öffentliche Hand hilft ganz direkt, ohne Einfluss zu nehmen.

Paradebeispiel ist Schwedens drittgrößte Qualitätszeitung, das konservative *Svenska Dagbladet*. Dieses bürgerliche Organ, 1884 in Stockholm gegründet, stand die längste Zeit in Opposition zur mächtigen schwedischen Sozialdemokratie. Es wäre allemal verschwunden ohne die Gelder, die der unabhängige *Mediemyndigheten* (Medienrat) verteilt. 2023 erhielt das *Svenska Dagbladet* umgerechnet 3,5 Millionen Euro plus 320000 Euro Vertriebsbeihilfen.

Seit 1969 haben Dutzende schwedische Zeitungen Anrecht auf öffentliche Gelder, seit 1996 auch Online-Portale. Feste Regeln gelten, der gesetzliche Automatismus verhindert es, dass ein Medium bevorzugt oder benachteiligt wird – egal, wer gerade regiert. Im Sinne der Vielfalt lautet die Hauptregel: Der Marktführer in einer Region erhält keine Hilfen. Zum Zug kommen Medien, die in ihrem Einzugsgebiet höchstens 30 Prozent der Haushalte erreichen, also Zweit- und Drittzeitungen. Sie müssen 55 Prozent des Inhalts selbst verfertigen, vor Ort: Die Regionalausgaben von »Mantelzeitungen« mit einer Zentralredaktion schaffen das kaum. Und je größer die Auflage bzw. Reichweite, desto kleiner die proportionale Unterstützung. In einem sehr weiträumigen Land wie Schweden mit 10,5 Millionen Menschen sorgt verhältnismäßig wenig Geld für Medienvielfalt auch in fernen Gegenden, freilich ohne die Konzentration ganz zu stoppen. Immerhin haben selbst abgelegene Kleinstädte nach wie vor eine, wenn nicht gar zwei Lokalmedien, die dank der Zuschüsse kompetent berichten können. 2023 flossen 60 Millionen Euro als direkte »Betriebsbeihilfen« an 78 Medien, 10 Millionen für Lokaljournalismus und 6 Millionen für Vertriebsbeihilfen, hinzu kam ein indirekter Vorteil von geschätzten 30 Millionen Euro dank der ermäßigten Mehrwertsteuer.[5] Übertragen auf die Bundesrepublik wären es insgesamt 850 Millionen Euro, weniger als zehn Prozent der Rundfunkbeiträge an ARD, ZDF und Deutschlandradio.

Die langjährigen Erfahrungen in Nordeuropa widerlegen das Klischee, Staatshilfen verhinderten kritische Staatsferne und engten den Freiraum des Journalismus ein. Im Gegenteil: Zählen Medienfreiheit und Journalismus zu den Voraussetzungen von Demokratie, ist es eine elementare Staatsaufgabe, auch den Journalismus zu sichern und nicht nur die Medienfreiheit. Letztere zu garantieren, aber untätig dem Niedergang journalistischer Medien zuzuschauen, geht nicht auf. Ein wirtschaftlich notleidender Journalismus wird zwangsläufig schlechter: bis zu dem Punkt, da er eines Tages der Demokratie vielleicht mehr zusetzt als nützt?

Am 11. September 1991 hielt in Berlin der damalige Bundespräsident Richard von Weizsäcker eine denkwürdige Rede zur Kulturpolitik, die sich auf die heute nötig gewordene »Journalismuspolitik« münzen ließe. Kultur zu fördern sei nichts,

> was die öffentlichen Hände nach Belieben betreiben oder auch lassen dürfen. Substanziell hat die Förderung von Kulturellem nicht weniger eine Pflichtaufgabe der öffentlichen Haushalte zu sein als zum Beispiel der Straßenbau, die öffentliche Sicherheit oder die Finanzierung der Gehälter im öffentlichen Dienst. Es ist grotesk, dass wir Ausgaben im kulturellen Bereich zumeist »Subventionen« nennen, während kein Mensch auf die Idee käme, die Ausgaben für ein Bahnhofsgebäude oder einen Spielplatz als Subventionen zu bezeichnen.

Weizsäcker fuhr fort, Kultur sei ein geistiges Fundament und »kein Luxus, den wir uns leisten oder auch streichen können«.[6]

Das lässt sich auf den Journalismus übertragen. Ist er strukturell defizitär, wird seine Finanzierung zu einer Pflicht der öffentlichen Hand. Sie hat nicht Meinungen zu fördern, sondern eine Medienlandschaft, in der die Menschen sich eine Meinung erst bilden können. Medienpolitik ist Demokratiepolitik. Gehört der Journalismus zur Infrastruktur der Demokratie, muss der Staat diese kritische Infrastruktur mitverantworten. Fahrlässig wäre eine öffentliche Hand, die nach der Deutschen Bahn auch noch diese Gemeinschaftseinrichtung verlottern ließe.

Laut dem Bundesverfassungsgericht in Karlsruhe hat der Staat ohnehin eine Schutzpflicht gegenüber der Presse. Das Gericht betonte zwar: »Staatliche Förderungen dürfen bestimmte Meinungen oder Tendenzen weder begünstigen noch benachteiligen.« Aber sehr wohl könne Unterstützung geboten sein, »wenn ohne eine solche Leistung die Aufrechterhaltung eines freiheitlichen Pressewesens nicht mehr gewährleistet ist«.[7] Die sieben Verfassungsrichter gingen in ihrem wegweisenden Beschluss aus dem Jahr 1989 einen Schritt weiter. Sie hielten es für zulässig, gegebenenfalls die meinungsbildenden Medien zu bevorzugen. Denn Pressefreiheit diene der Meinungsbildung:

> Die Erfüllung dieser Funktion ist daher auch ein zulässiges Kriterium für die Vergabe staatlicher Pressesubventionen. […] Presseorgane, bei denen die Meinungsäußerung und Information außerpublizistischen Geschäftszwecken untergeordnet wird, sind ihrer Intention nach nicht primär auf einen Beitrag zur Meinungsbildung ausgerichtet. Solche Publikationen genießen zwar ebenso wie die übrige Presse die Freiheit von staatlicher Lenkung, haben aber nicht notwendig denselben Anteil an staatlicher Förderung.

2022 bekräftigte eine intellektuelle Autorität, Jürgen Habermas, es sei »keine politische Richtungsentscheidung, sondern ein verfassungsrechtliches Gebot, eine Medienstruktur aufrechtzuerhalten, die den inklusiven Charakter der Öffentlichkeit und einen deliberativen Charakter der öffentlichen Meinungs- und Willensbildung ermöglicht«, so in dem Band *Ein neuer Strukturwandel der Öffentlichkeit und die deliberative Politik*.[8]

Strukturwandel als Strukturzerstörung: die Medienwüsten

Kein Zufall, dass kleinere Länder Vorreiter der Medienförderung sind. Auf ihren wenig profitablen Märkten kam es früh zu Verwerfungen, sofort waren Verlage bedroht, in bevölkerungsarmen Flächenstaaten konnten sie den weiträumigen Vertrieb gedruckter Zeitungen gar nicht mehr finanzieren. Auch ist die Konzentration noch empfindlicher zu spüren in überschaubaren Verhältnissen. Vor allem: Nordeuropas Demokratien sind besonders demokratisch. Daher ihr wacher Sinn für Pressefreiheit und deren Daseinszweck – den Journalismus, sein Gedeihen, sein Überleben. Damit nicht eintritt, was der Schweizer Rechtswissenschaftler Urs Saxer beobachtet: Dem Medienrecht komme »der Regulierungsgegenstand abhanden, nämlich die Medien«.[9]

Das ist keine Übertreibung. In den Vereinigten Staaten ist der Strukturwandel nichts anderes als eine Strukturzerstörung: eine mediale und demokratische Katastrophe, die mit Verzug jetzt Europa ereilt. Seit 2005 verschwanden fast 2900 US-Zeitungen, 43 000 oder zwei Drittel der Zeitungsredakteure verloren ihre Stelle, so der jährliche Bericht der Medill School of Journalism an der Northwestern University in der Kleinstadt Evanston bei Chicago.[10] Krass der Niedergang der lokalen Presse, 2023 schlossen im Schnitt zweieinhalb Lokalzeitungen pro Tag. Gut die Hälfte der 3143 *counties* (Landkreise) hat nur noch ein Medium oder keines mehr. In 204 Landkreisen ist es verschwunden, in 228 gefährdet. Bald wohnen 70 Millionen US-Amerikanerinnen und -Amerikaner in »Medienwüsten« oder *news deserts*. 20 Prozent der Bevölkerung! Zwar entstanden 550 lokale Webseiten, aber vorwiegend in städtischen Gebieten.

Und wie entwickeln sich die Landstriche ohne Lokaljournalismus? Die knappe Antwort von Penelope Abernathy, Leiterin der Medill-Studie: »Erstens geht die Wahlbeteiligung zurück. Zweitens nimmt die Korruption in Politik und Wirtschaft zu, und die Steuern gehen rauf, weil niemand die Verantwortlichen kontrolliert, wie sie mit Steuergeldern umgehen. Drittens: Desinformationen und Fehlinformationen verbreiten sich stärker.«[11] In Medienwüsten informieren sich die Menschen über die sozialen Medien – und wandern zu den Republikanern. Wo nach wie vor viele Haushalte ein journalistisches Medium abonnieren, haben es die Demokraten leichter.[12] Heißt das, Journalismusförderung sei nicht neutral? In der Tat benachteiligt sie jene Parteien, die auf schlecht informierte Bürgerinnen und Bürger angewiesen sind. Aber die Verteidigung des demokratischen Prinzips und Diskurses als parteiisch hinzustellen, liefe darauf hinaus, sich einer antidemokratischen Logik zu beugen.

Setzt buchstäblich die »Verwüstung« der Medienlandschaft ein, gibt es kein Zurück. Die Einwohner haben bald gar kein Verhältnis mehr zu dem, was Journalismus ist: Bahn frei für pseudojournalistische, propagandistische Medien. In Deutschland bilden diese bereits eine kleine Galaxie. Das AfD-Fußvolk bewegt sich in einer Parallelwelt zahlloser TikTok- und Telegram-Kanäle. Es besucht Webseiten mit mehr oder minder ausgeprägter verschwörungstheoretischer Schlagseite wie multipolar-magazin.de, nachdenkseiten.de, telepolis.de, apolut.net oder punkt-preradovic.com. Zulauf haben auch die deutschsprachige Webseite der von rechten Sinoamerikanern gegründeten *Epoch Times* oder in der Schweiz hoch2.tv (»Der Wahrheit verpflichtet«). Noch größer sind das vorerst wieder erscheinende rechtsextreme »Magazin für Souveränität« *Compact* (»Die Stimme des Widerstands«) und das Portal NiUS (»Die Stimme der Mehrheit«), das mit dem rechten österreichischen Boulevard-Portal Exxpress zusammenarbeitet.

Wie sehr die Bundesrepublik die Gefahr von »Medienwüsten« bislang verdrängte, zeigt das Ausbleiben umfassender deutscher Studien. An Warnungen fehlt es nicht, aber an Taten. 2020 mahnten sieben Professorinnen und Professoren des angesehenen Instituts für Journalistik an der Technischen Universität Dortmund in einer Erklärung: »Ein beispielloses Mediensterben kündigt sich an, verbunden mit der Konzentration auf wenige sehr große Medienmarken. Ganze Regionen könnten weitgehend ohne journalistische Berichterstattung dastehen.«[13] Im Auftrag des Bundesverbands der Digitalpublisher und Zeitungsverleger nahm im selben Jahr die Beratungsfirma Schickler (heute Highberg) eine Standortanalyse vor. Schon 2025 könnten »40 Prozent der deutschen Gemeinden überwiegend nicht mehr zu betriebswirtschaftlich vertretbaren Konditionen mit einer gedruckten Tageszeitung beliefert werden [...]. Angesichts dieser Entwicklung drohen in Deutschland Landstriche zu entstehen, in denen eine mediale Versorgung infrastrukturell nicht mehr gegeben ist.«[14] In Ost- und Norddeutschland, oder auch im Westen von Rheinland-Pfalz, nimmt die Versteppung ihren Lauf. Der Verlust ist umso empfindlicher, als Lokalzeitungen fast so hohes Ansehen genießen wie ARD und ZDF.[15]

2020 mussten laut Verlegerverband 720 Kommunen ohne Abdeckung durch eine gedruckte Lokalzeitung leben, bald seien es 4400. Zustellförderungen wären nur eine Übergangshilfe. »In den kommenden Jahren wird ein Drittel der Print-Abonnenten sterben«, rechnet Strickler; Verlage stünden »vor einer großen Finanzierungslücke im Übergang von Print-Geschäft zu Digital-Geschäft«.[16] Die Folgen lassen sich in der direktdemokratischen Schweiz messen: An Volksabstimmungen beteiligen sich im Schnitt nur 30 Prozent jener Bürgerinnen und Bürger, die selten journalistische Angebote nutzen, aber 70 Prozent derer, die regelmäßig lesen, hören, zuschauen – ein Wechselspiel, in dem der Journalismus das politische Interesse nährt und das politische Interesse dem Journalismus zugutekommt.[17]

Der deutsche Stillstand

Vor diesem Hintergrund sei herkömmliche Medienregulierung »ein Auslaufmodell«, schreibt Urs Saxer.[18] SPD, Grüne und FDP wollten ursprünglich denn auch neue Wege gehen. Doch die rot-grün-gelbe Ampelkoalition, die Ende 2021 antrat, löste die wenigsten Versprechen in Sachen Medienpolitik ein. Vor lauter Krisen und Kriegen, aus Geldnot und Desinteresse ließ sie das Dossier Presseförderung liegen. Begreiflich, dass der Vorsitzende des Verbands Südwestdeutscher Zeitungsverleger Valdo Lehari klagt: »Das ist für mich unterlassene Hilfeleistung.«[19] Der Koalitionsvertrag beschwor routinemäßig die Bedeutung der Medien: »Sie verlässlich zu fördern, ist unsere Aufgabe.«[20] Die drei Partner wollten das mit Schwung anpacken.

- Um das Medienrecht aufzudatieren, wollen wir »in einer Bund-Länder-AG die Gesetze mit medienrechtlichen [...] Bezügen überarbeiten«. Die Arbeitsgruppe gab es nie.
- »Wir schaffen Rechtssicherheit für gemeinnützigen Journalismus«, etwa indem Spenden an Non-Profit-Medien wie Correctiv sich leichter steuerlich absetzen lassen. Lang passierte nichts ... außer dass dem kritischen Blog »Volksverpetzer« die Gemeinnützigkeit entzogen wurde! Da raffte sich das Bundesfinanzministerium auf, wenigstens eine entgegenkommende Interpretationshilfe für die Steuerämter zu erlassen (jedoch kein Gesetz, das die Gerichte bindet).
- Journalistinnen und Journalisten sind »unverzichtbar für den Aufbau und Erhalt funktionierender Gemeinwesen. Wir verpflichten uns, diese Menschen und ihre Arbeit in besonderer Weise zu stärken und zu schützen.« Davon war nichts zu bemerken.
- »Wir schaffen eine gesetzliche Grundlage für den Auskunftsanspruch der Presse gegenüber Bundesbehörden.« Der Grobentwurf für ein Presseauskunftsgesetz lag erst Mitte 2024 vor.
- »Wir wollen die flächendeckende Versorgung mit periodischen Presseerzeugnissen gewährleisten und

prüfen, welche Fördermöglichkeiten dazu geeignet sind.« Das Projekt wurde 2024 begraben.
– Schon in den Kitas werden wir »die Medienkompetenz stärken«. Gar nichts geschah.
– »Den Aufbau von Plattformräten werden wir vorantreiben«, zwecks Mitsprache der Zivilgesellschaft bei den sozialen Medien. Nichts kam voran.
– »Wir werden die Machbarkeit einer technologieoffenen, barrierefreien und europaweiten Medienplattform prüfen.« Die Herkulesaufgabe packte niemand an ... außer dem *Président de la République* Emmanuel Macron, der den deutsch-französischen Sender Arte zur europäischen Plattform ausbauen möchte.
– »Gemeinsam mit den Ländern befördern wir eine breite gesellschaftliche Debatte über den Wert freier Medien für die Demokratie.« Die Diskussion lief über ein – an sich verfassungswidriges – Kappen der Rundfunkbeiträge für ARD, ZDF und Deutschlandradio.

Ohnehin war im Koalitionsvertrag kein Konzept zu erkennen. Und jede Interessengruppe arbeitete an ihrem medienpolitischen Bruchstück, ohne Gesamtschau. Anachronistisch wird nach wie vor die »duale Medienordnung« mit den privaten und den öffentlich-rechtlichen Anbietern erörtert, wo sie längst »trial« geworden ist mit den globalen Plattformen als übermächtigen Dritten im Bunde. Von der Regulierung der sozialen Medien hängt wesentlich die Zukunft des Journalismus bei den Privaten wie bei ARD, ZDF und Deutschlandfunk ab.

7
Journalismuspolitik: Vier Stoßrichtungen

Der Staat muss vor allem den Journalismus fördern, nicht Verlagskonglomerate. Wenn derzeit die Gesetze des Medienbetriebs und die des guten Journalismus immer weiter auseinanderlaufen, sollte »Journalismuspolitik« im Vordergrund stehen. Die Ausgangsfrage lautet: Was stärkt den Journalismus? Und nicht: Was stärkt die Medien?

Eine wirksame Journalismuspolitik dreht sich um vier Achsen: die Pressefreiheit ausbauen; zielgerichtet den Journalismus fördern; den Leistungsauftrag von ARD und ZDF neu fassen, damit das Angebot der Öffentlich-Rechtlichen öffentlich-rechtlicher wird; und schließlich das Schwierigste – journalismusfreundlich die sozialen Plattformen regulieren und sie in die Pflicht nehmen, neben der Presse ebenfalls zu einem Fundament der Demokratie zu werden.

Das Rad muss nicht neu erfunden werden, etliche Instrumente sind erprobt, in der EU und gerade in Nordeuropa.

1. Die Unabhängigkeit des Journalismus ist ebenso schützenswert wie die des Bundesverfassungsgerichts

Pressefreiheit bleibt die basale Voraussetzung: je weniger, desto schlechter der Journalismus. Umfang und Reichweite dieses Grundrechts sind Gradmesser der politischen Akzeptanz und gesellschaftlichen Erwünschtheit unbequemer Information. Pressefreiheit ist nichts anderes als die Rückendeckung, die eine Demokratie den Journalistinnen und Journalisten gibt.

Scheinheilig ist in der Politik jener landläufige Kurs und Diskurs, der einerseits Qualitätseinbußen des Journalismus beklagt und andererseits die Freiheit der Journalisten einengt. In der Tat ruft schlechter Journalismus stets die Skeptiker der Medienfreiheit auf den Plan. Endlich solle man die »Journis« an die kurze Leine legen! Eine ernst zu nehmende Strategie, Rahmenbedingen für einen guten Journalismus zu setzen, sieht anders aus.

Ohnehin wird die Freiheit der Medien noch schützenswerter, wenn Autoritäre die Vierte Gewalt ächten. »Schmierige Lügenschleim-Spur«, »Stasi-Methoden«: Wider alle Evidenz bestreitet die AfD jeden Bericht über ihre Tuchfühlung zu Identitären.[1] Die Partei möchte den Journalismus, der zu den *checks and balances* in demokratischen Staaten beiträgt, aus dem Lot bringen, so wie sie auch auf die Justiz einzuwirken versucht.[2]

Deutschland sorgt sich zu Recht um die Zukunft seines Bundesverfassungsgerichts. Karlsruhe soll seine Unabhängigkeit behaupten, auch wenn rechtsstaatsfeindliche Kräfte erstarken. Die Unabhängigkeit von Journalistinnen und Journalisten zu sichern ist ebenso zentral. Und wieder einmal weist die EU die Richtung, die Deutschland nehmen sollte. Das Europäische Medienfreiheitsgesetz sollte Bund und Ländern als Anstoß dienen, die Pressefreiheit in der Bundesrepublik auszubauen, zum Beispiel:

1) Artikel 5 des Grundgesetzes über die Meinungs- und Pressefreiheit würde um eine Bestimmung über den Quellenschutz ergänzt. In Zeiten der digitalen Überwachung durch Staaten und Datenkraken ist der Schutz von Informanten vordringlich. Er gehört wie in Schweden in die Verfassung.
2) Künftig soll Artikel 5 die Informationsfreiheit festhalten, das Recht auf Einsicht in behördliche Akten. In elf Ländern und im Bund bleibt die Transparenz unzureichend.[3] Zudem gehört auch der besondere Anspruch von Journalistinnen und Journalisten auf Auskünfte der Behörden an sich ins Grundgesetz.
3) Die für Medienpolitik zuständigen 16 Länder und der Bund müssen demnächst das neue Europäische Medienfreiheitsgesetz umsetzen und, mehr noch, das bestehende deutsche Recht angleichen. Sie könnten die Gelegenheit nutzen, ein Zeichen für den Journalismus und wider seine autoritären Feinde zu setzen:

indem sie auch im Strafgesetzbuch, in der Straf- und Zivilprozessordnung den Quellenschutz verstärken. Das Hinweisgeberschutzgesetz, das 2023 in Kraft trat, reicht nicht; es schützt keine Whistleblower, die »Verschlusssachen« offenlegen oder deren Indiskretionen »wesentliche Sicherheitsinteressen« tangieren wie einst in der *Spiegel*-Affäre.[4]

4) Das Europäische Medienfreiheitsgesetz sieht für alle EU-Mitglieder ein Monitoring der Pressefreiheit vor. Der Deutsche Presserat als Instanz der Selbstkontrolle sollte damit betraut werden und zu diesem Zweck höhere Zuschüsse des Bundes erhalten. In dieses Monitoring würde die (heute nur für privaten Rundfunk zuständige) Kommission zur Ermittlung der Konzentration im Medienbereich einbezogen.

Was wird aber aus der Medienfreiheit, wenn zusehends die Mittel fehlen, davon Gebrauch zu machen?

2. Journalismus fördern oder die große Wirkung kleiner Maßnahmen

Vielerorts ist der Lokaljournalismus bedroht. Längst in Bedrängnis ist der Kulturjournalismus, selbst prominente Sendungen werden eingestellt, und manche Medien bringen ein Minimalangebot praktisch ohne Rezensionen: ohne Abbild des Kulturlebens. Journalistische Arbeit werde immer härter, »weil mit weniger Geld und Personal heute mehr geleistet werden muss. Auch deswegen fallen manche Themen unter den Tisch, was eine Einschränkung von Pressefreiheit bedeutet«, sagt Horst Pöttker, der das Magazin *Journalistik* herausgibt.[5] Ein Zweck der Öffentlich-Rechtlichen, ergänzt der langjährige Professor am Dortmunder Journalistik-Institut, sei »die *Informationsvorsorge* als Teil der allgemeinen Daseinsvorsorge, wie sie vom Staat für andere Lebensbereiche durch öffentliche Schulen, Kliniken, Verkehrswege usw. unabhängig von der aktuellen Nutzung bereitgestellt wird«.[6]

Solche Vorsorge können im digitalen Zeitalter nicht einzig ARD, ZDF und Deutschlandradio leisten. Die Wahrheit ist »symphonisch«, vielstimmig, sagt einer, der sonst die alleinige Wahrheit verkündet: der Papst.[7] Die journalistische Arbeit privater Medien zu fördern wird unerlässlich. Denn die Einbuße an Medienvielfalt ist ebenfalls eine Einbuße an Medienfreiheit.

Aber woher kommt künftig das Geld? Fünf Quellen bieten sich an:

- natürlich die Haushalte der Länder, die in der Bundesrepublik die Medienpolitik verantworten;
- der Haushalt des Bunds, dem allerdings nur Wirtschaftsförderung gestattet ist, wobei publizistische und kulturelle Überlegungen einfließen dürfen;
- nach einer (rechtlich anspruchsvollen) Reform die Verwendung eines Teils der Rundfunkbeiträge, die zu »Medienbeiträgen« mutierten;

– eine spezifische Abgabe wie die österreichische Digitalsteuer von 5 Prozent auf Online-Werbung bei Internet-Konzernen. 2023 brachte sie 100 Millionen Euro ein, von denen 20 Millionen in die »Digitaltransformation« privater Medien flossen. Jedoch werden Digitalsteuern ersetzt: durch die in der OECD beschlossene Mindeststeuer für große Konzerne. Aber auch diese neue Quelle eröffnet Möglichkeiten;
– und nicht zuletzt auch Stiftungen.

Geldfragen sind Prioritätenfragen. Ist die Wahrung einer guten Infrastruktur der Demokratie vorrangig? Bleibt es beim folgenlosen Gejammer über den Verlust an Vielfalt und Qualität? Das verfassungsrechtliche Gebot der »Staatsferne« beim Fördern von Journalismus wird zum Vorwand für Staatspassivität. Deutschland jedoch kommt bei der alarmierenden Entwicklung nicht um einen Sprung nach vorn herum in der Journalismuspolitik. Die öffentliche Hand muss eingreifen, wenn die unsichtbare Hand des Markts versagt. Liberale Dogmen sind gut – besser ist auch im Sinne der Liberalität ein vielfältiger Journalismus. Die 16 Länder, denen die Medienpolitik obliegt, und auch die Kommunen werden schneller als gedacht umdenken müssen.

Sie können nicht nur mit Geld helfen, sondern vor Ort die Trägerschaft von Lokal- und Regionalmedien stützen. Einen originellen Weg geht der Schweizer Kanton Fribourg/Freiburg. Die 150 Jahre alte Regionalzeitung *La Liberté*, mit einer Auflage und einer Online-

Reichweite von je rund 40000 Menschen, schien mittelfristig bedroht. Medienkonzerne waren in Lauerstellung; sie wollten das Qualitätsblatt zu einem ihrer zahllosen Kopfblätter mit Rumpfredaktion degradieren. Proaktiv organisierte schon 2014 die Freiburger Regierung den Einstieg der öffentlich-rechtlichen Kantonalbank und des halbstaatlichen Elektrizitätswerks ins Aktionariat, über eine dazwischengeschaltete Beteiligungsgesellschaft, um das Risiko einer Einflussnahme zu mindern. Zwei Drittel der Aktien sollen dauerhaft in der Hand einheimischer Akteure bleiben, denen die Eigenständigkeit ihrer Zeitung wichtiger ist als die Dividende. So zählt Freiburg zu den wenigen privilegierten Schweizer Regionen mit ganz und gar selbstständigem Hauptmedium. In einer Umfrage erzielte *La Liberté* den höchsten Sympathiewert aller eidgenössischen Zeitungen.[8] Und 2024 war Freiburg abermals Avantgarde: Das Kantonsparlament beschloss, allen 18-Jährigen ein Ein-Jahres-Online-Abo eines regionalen Mediums zu schenken. Zu überschaubaren Kosten, umgerechnet jährlich 180000 Euro für jeweils 3700 Volljährige. Eine beachtliche Anschubfinanzierung und eine Art »Medienpass«, vergleichbar mit dem (wegen des Haushaltsdefizits von 200 auf 100 Euro gekürzten) »KulturPass« der deutschen Bundesregierung, der 18-Jährige zum Besuch von kulturellen Anlässen und Kulturorten wie Buchhandlungen locken soll.

Direkte Journalismusförderung lässt sich verwirklichen, ohne dass der Staat parteiisch wird. Eine Übersicht zweckmäßiger Maßnahmen haben die drei Medienstrukturforscher Manuel Puppis, Etienne Bürdel und Stefano Pedrazzi veröffentlicht – nicht zufällig an der Universität Fribourg/Freiburg.[9] Im Folgenden eine stark vereinfachende Zusammenfassung.

Namentlich Kanada, Schweden, Norwegen, Dänemark, Finnland,[10] Österreich, Italien, Frankreich, Luxemburg und die belgische Region Wallonien kennen eine staatliche Mitfinanzierung journalistischer Arbeit. Unabhängige Instanzen vergeben die Finanzmittel, frei von Weisungen aus der Politik. Alle haben Kriterien für eine quasiautomatische und neutrale Mittelvergabe, ohne inhaltliche Beurteilung der redaktionellen Leistung. Von Land zu Land unterscheidet sich der Kriterienkatalog. Dazu zählen: ein Mindestanteil bzw. eine Mindestmenge redaktioneller oder eigenproduzierter Beiträge (die das Medium also nicht von einer fernen Zentralredaktion bezieht); ein Mindestanteil politischer, kultureller, wirtschaftlicher oder gesellschaftlicher Inhalte; ein Höchstanteil an Werbung; eine Mindestzahl Redakteurinnen und Redakteure; pro Zeitperiode eine Mindestzahl Ausgaben bzw. Aktualisierungen der Webseite; und oft eine Mindestzahl Nutzer, um irrelevante Medien auszuschließen. Schwedische Start-ups müssen einzelne Förderkriterien erst nach ihrer Anlaufzeit erfüllen.

Einen sinnvollen Anreiz setzen der dänische und der kanadische Staat, die beide (direkt oder über Steuergutschriften) einen Prozentsatz der Redaktionskosten tragen. Wer die Redaktion abbaut oder die Gehälter kürzt, erhält weniger Geld. Unabhängigen Online-Anbietern erstattet Dänemark bis zur Hälfte der Redaktionskosten. Kanada finanziert die Anstellung von Journalistinnen und Journalisten in unterversorgten Regionen mit und schultert einen Teil der Honorare für freie Mitarbeiterinnen und Mitarbeiter – mit Schwerpunkt Bürgerjournalismus.

Gemeinnützige kanadische Medien sind steuerbefreit, Spenden dürfen von der Steuer abgesetzt werden. Auch Italien fördert den Non-Profit-Journalismus, der in Deutschland wenig Anerkennung erfährt. Die Niederlande haben einen Fonds eingerichtet, um investigative Recherchen zu ermöglichen. Die Auswahl trifft eine Journalisten-Jury.

Lokaljournalismus ist überall eine Priorität. Schweden fördert ihn unabhängig davon, ob das Medium gedruckt oder online erscheint, ob es Texte, Audiobeiträge oder Videos bevorzugt, ob es eine Bezahlschranke gibt oder nicht. Frankreich hat einen »Pluralismusfonds«.

Oft verhindert ein Zuschuss-Limit, dass die großen Medienkonzerne absahnen. Oder die Skala ist degressiv: je höher die Auflage bzw. Online-Reichweite, desto geringer der Zuschuss pro Exemplar oder pro Nutzer. Norwegen unterstützt keine Verlage, die mehr als ein Drittel ihres Umsatzes auf nichtjournalistischen Geschäftsfeldern wie etwa Online-Marktplätzen erzielen – und die eine hohe Dividende ausschütten.

»Schweden verlangt von geförderten Medien die Einhaltung medienethischer Grundsätze«, erwähnen die Freiburger Forscher. Das Kriterium ist erfüllt, wenn das Medium Mitglied im Presserat ist, also den Pressekodex zu befolgen hat. Von dem 2014 verstorbenen Wiener Journalismusforscher Hannes Haas stammt der Vorschlag, der Staat solle auf ein Redaktionsstatut pochen (das vor Übergriffen des Verlags auf die journalistische Unabhängigkeit schützt) und zusätzliche Bedingungen stellen: Weiterbildungsmöglichkeiten, ein Mindestmaß an Diversität in der Redaktion, ein Qualitäts- und Fehlermanagement.[11]

Eine äußerst neutrale Methode wäre die Mitfinanzierung digitaler Redaktionssysteme und technologischer Infrastrukturen, die für Neugründungen ruinös sein können. Etliche Staaten und Bundesländer unterstützen oder begleiten die digitale Transformation herkömmlicher Medien, Innovationsvorhaben und Start-ups. Muss ein Medienhaus saniert werden, kann der dänische Staat einmalig helfen.

In einem Gutachten unterstrich das Mainzer Medieninstitut, es seien »direkte, selektive Maßnahmen gegenüber indirekten Formen der Medienförderung klar zu bevorzugen, um die journalistische Inhalteproduktion zielgerichtet und effektiv zu stärken«.[12] Von der Gießkanne – etwa einer niedrigen Mehrwertsteuer wie in Deutschland – profitieren Anbieter, die keiner Hilfe bedürfen. Und wo in Flächenstaaten der Vertrieb von (immer weniger) gedruckten Zeitungen extrem kostspielig wird, ermunterte Kanada seine Bürgerinnen und Bürger eine Zeit lang zum Wechsel hin zu Online-Medien, sie durften bis 2024 Digitalabonnements von der Steuer absetzen.

Österreich treibt auf die Spitze, was in manch anderem Land die Schwäche des Fördersystems ausmacht: Es ist eben kein System, vielmehr eine Ansammlung unterschiedlichster Töpfe, was eine kohärente Strategie verhindert – und den Filz nährt. Der österreichische Kanzler, der Verlegerverband und die Gewerkschaft GPA berufen die Presseförderungskommission. Der Bundeskanzler ernennt alle Mitglieder eines Beirats, der hochstehende Publikationen unterstützt. Darüber hinaus erfand die österreichische Politik eine eigene Spielart von »Medienförderung«: Bund, Länder, Gemeinden, öffentliche Unternehmen und Institutionen platzieren viele Anzeigen, am liebsten in wohlgesonnenen Medien. Zu Zeiten von Sebastian Kurz flossen jährlich insgesamt 200 Millionen Euro und mehr, davon 50 Millionen von den Ministerien. Nach heftiger Kritik an dieser Freunderlwirtschaft ist es »nur« noch die Hälfte.

Verboten sind in Österreich Zuschüsse an Medien, die »gegen die österreichische Nation gerichtet sind, faschistisches oder nationalsozialistisches Gedankengut vertreten«, Rassismus, Ausländerfeindlichkeit und Diskriminierung fördern. Das auf jede Zensur allergische Schweden bezuschusst auch fremdenfeindliche Blätter, um jedem Vorwurf der Einflussnahme zu entgehen. Viele Staaten schließlich finanzieren Presseräte, Nachrichtenagenturen, Aus- und Weiterbildungen, Projekte der Medienkompetenz und Forschungsvorhaben der Kommunikationswissenschaft mit.

Der Zeitpunkt für eine journalismuspolitische Offensive ist günstig, wenn einige soziale Plattformen und allen voran X an Gewicht verlieren, was journalistischen Medien Freiraum eröffnet. Und solange feste, allgemeine und gesetzliche Spielregeln gelten, ist Journalismusförderung demokratisch.

Stiftungen ihrerseits können äußerst zielgerichtet fördern – und ein Stück weit als Reparaturbetrieb des Journalismus wirken, wo die Defekte unübersehbar sind, zum Beispiel:

- In Kontinentaleuropa setzen sich selbst Leitmedien mit weltbürgerlichem Anspruch der Gefahr eines gewissen Provinzialismus aus, weil sie die meisten Debatten im eher geschlossenen Kreis von Autorinnen und Journalisten aus der eigenen Nation führen. Und verpflichten sie fremde Federn, dann meistens aus der angelsächsischen Welt und nur ausnahmsweise aus dem globalen Süden. Den kulturellen Austausch zu fördern – angefangen im Kleinen mit regelmäßigen Treffen europäischer Chefredakteure, die heute einander praktisch nicht kennen – wäre eine nützliche Stiftungsaufgabe.
- Ein wichtiger Teil des intellektuellen Lebens findet öffentlich nicht statt. Außer der *Frankfurter Allge-*

meinen und der *Süddeutschen* berichtet fast kein Publikumsmedium mehr über wichtige Tagungen. Denn das ist aufwändig und erreicht eine kleine Leserschaft. Stiftungen könnten eine Webseite finanzieren, die ausführliche Zusammenfassungen wichtiger Tagungen ins Netz stellt – kostenlos verfügbar für alle privaten Medien.
- Regionalmedien veröffentlichen immer seltener Besprechungen aller Art. Mit Stiftungsgeldern ließen sich Rezensionsseiten und -rubriken wiederbeleben, etwa im Zusammenspiel mit hervorragenden akademischen Online-Fachforen wie »H/SOZ/KULT« (Geschichtswissenschaften) oder »Soziopolis« (»Gesellschaft beobachten«).
- In Deutschland fehlt eine große Kulturnachrichtenagentur – ein ideales Stiftungsprojekt.

Bemerkenswert war 2024 der Schulterschluss sieben großer deutscher, österreichischer und schweizerischer Stiftungen mit dem in Berlin eröffneten Haus für Journalismus und Öffentlichkeit Publix, das die Schöpflin Stiftung errichtete. Sie gründeten einen Media Forward Fund, der anfangs 6 Millionen Euro (und später bis zu 25 Millionen) für die Förderung des Journalismus und neuer Geschäftsmodelle aufbringen will. Vorbild ist das amerikanische Konsortium Press Forward, in das 22 US-Stiftungen 500 Millionen Dollar namentlich für den Lokaljournalismus eingebracht haben. Stiftungen allerdings wollen nie Staatsersatz sein, sondern als Ansporn wirken. Mit *matching funds* könnten sie Beiträge der öffentlichen Hand verdoppeln und so als Katalysatoren die Journalismuspolitik befeuern.

3. ARD und ZDF sind wichtig, ihr Umbau ist dringlich

Ein Widersinn wäre es, das journalistische Angebot privater Medien zu fördern und gleichzeitig das der öffentlich-rechtlichen Anstalten auszudünnen. Die meisten Verlage müssen ihre Redaktionen heruntersparen. Sollen auch noch ARD, ZDF und Deutschlandfunk kompetente Ressorts abbauen?

Die bedrängten Verlage wären auch nur marginal besser dran ohne ARD und ZDF. Öffentliche Medienhäuser waren nie und nirgends das Verderben der Verleger, die jahrzehntelang gewaltige Gewinne einfuhren. Erst die werbewirksame Suchmaschine Google und das erste soziale Medium Facebook machten den Verlagen einen Strich durch die profitable Rechnung. ARD und ZDF zu schwächen mag den Verlagen sogar schaden. Eine Studie des Forschungszentrums Öffentlichkeit und Gesellschaft in Zürich kam zum Schluss: »Wer häufig Nachrichten des öffentlichen Rundfunks nutzt, entwickelt grösseres Vertrauen ins Mediensystem.« Das erhöhe »die Zahlungsbereitschaft für News wie auch die Akzeptanz für Werbung«.[13]

Der Journalismus würde nicht besser ohne ARD, ZDF und Deutschlandfunk, die zu den weltbesten Anbietern zählen. Sie erfüllen eine weitere Gemeinwohlaufgabe, von der selten die Rede ist. Im Verbund mit Qualitätszeitungen bringen sie die kritische Masse auf, um journalistische Standards zu setzen. Die meisten Medien messen sich an dieser Elle, die nur der Boulevard à la *Bild* ignoriert; im ersten Halbjahr 2024 musste der Deutsche Presserat die *Bild* 20 Mal rügen.[14]

Der Westen durchlebt eine Epoche verspannter Demokratien. Zentral ist in zentrifugalen Zeiten der Auftrag der Öffentlich-Rechtlichen als »Brückenbauer« über viele Gräben hinweg. In den Uneinigen Staaten von Amerika ist das Fernsehen Public Broadcasting Service (PBS) unterfinanziert und ohne Reichweite. Nicht einmal eine Million Haushalte schaut die wohltuend sachliche Tagesschau *PBS NewsHour*. Sonst wendet sich kein großes Medium an das ganze US-amerikanische Publikum, dem eine gemeinsame Wahrnehmung der Wirklichkeit mehr und mehr abhandenkommt. Gesellschaft wie Presselandschaft sind zweigeteilt. Brüchig der *common ground*, der gemeinsame Boden, auf dem die Demokratie steht. Der mediale Riss verbreitert den Spalt durch die Nation.

Wider die Wucht gesellschaftlicher Fliehkräfte wird die Aufgabe der Öffentlich-Rechtlichen wichtiger, aber schwieriger:

– weil ein Teil des Publikums die Inseln des zuverlässigen Journalismus im Ozean der sozialen Medien seltener ortet und ansteuert.
– weil manch öffentlich-rechtliche Redaktion wenig souverän über populistische Kräfte berichtet. Man distanziert sich plakativ, statt professionell wie immer den journalistischen Abstand zu halten; umgekehrt neigt man mitunter zum »Überbelichten« zugkräftiger Populisten, auch um den Standard-Vorwurf der »Linkslastigkeit« zu entkräften.
– weil ein Teil des erfreulich antisexistisch, antirassistisch und ökologisch geprägten Nachwuchses zu einem »aktivistischen« Journalismus neigt – was aber schnell belehrend wirken kann, an der Pädagogie stirbt ein jeder Journalismus.[15]
– weil öffentliche Medienhäuser immer mal dem Generaltrend in Richtung übertriebene Zuspitzung der Beiträge folgen.

Der Daseinszweck der Öffentlich-Rechtlichen, der Integration zu dienen, rückt manchmal sehr in den Hintergrund. Auf hohem Niveau bröckelt die Akzeptanz, so die »Mainzer Langzeitstudie Medienvertrauen«.[16] Laut diesem renommierten Barometer verlassen sich 64 Prozent der befragten Deutschen auf das öffentlich-rechtliche Fernsehen; auf dem Höhepunkt 2017 waren es 72 Prozent.

Entgegen dem Klischee hat der Rückgang wenig damit zu tun, dass sich jüngere Jahrgänge abwenden würden, im Gegenteil: 84 Prozent der 18- bis 29-Jährigen vertrauen der ARD und dem ZDF – der höchste Anteil aller Altersgruppen. Bei zwei Dritteln der 12- bis 19-Jährigen steht die *Tagesschau* in hoher Gunst;[17] insgesamt hat sie rund 6 Millionen Follower auf Instagram und TikTok.

Ganz ähnlich übrigens die jungen Schweizerinnen und Schweizer. 2018 lehnten sie noch entschiedener als ältere Semester ein rechtsradikales Volksbegehren ab, das den Rundfunkbeitrag abschaffen wollte. Nicht weniger als 80 Prozent der 18- bis 29-Jährigen legten ein Nein in die Urne; im Durchschnitt von Jung und Alt betrug der Nein-Anteil »nur« 71,6 Prozent.[18]

Doch in Deutschland und Österreich erlitten die Öffentlich-Rechtlichen – anders als im übrigen Europa – einen Einbruch nach der Covid-19-Pandemie. Darauf deuten alle Studien.[19] Ein Alarmzeichen gab die WDR-Umfrage »Glaubwürdigkeit der Medien«.[20] Noch im Corona-Herbst 2020 hielten 83 Prozent die öffentlich-rechtlichen Medien für »nicht verzichtbar«, im November 2023 bloß 63 Prozent.

Das spiegelt zum Teil die Entfremdung der in Deutschland zahlreichen Corona-Skeptiker gegenüber dem sogenannten »Mainstream«, zumal da viele Impfgegner zu Gegnern der Waffenlieferungen an die Ukraine mutierten und weiter abrückten von den »Nato-Kriegstreibermedien«.[21] Die Erfolge der AfD, das Aufkommen des Bündnisses Sahra Wagenknecht und in Österreich der neue Aufschwung einer weiter radikalisierten FPÖ beschleunigten die Sezession von den Öffentlich-Rechtlichen.

Vor einem Jahrhundert erfanden die pragmatischen Briten das Grundmuster eines öffentlichen Medienhauses, 1922 ging die BBC auf Sendung. Von Anfang an sollte sie informieren, bilden *und* unterhalten. Bis heute kommt es auf diesen Dreiklang an. Denn wer ausschließlich Information bietet wie etwa n-tv (1,1 Prozent TV-Marktanteil) oder vorwiegend Kultur wie Arte (1,3 Prozent) und 3sat (1,4 Prozent), erreicht minimale Publika.

Nach dem Vorbild der »Royal Charter of the BBC« gründen alle Leistungsaufträge westlicher öffentlicher Medienhäuser in den Werten der Aufklärung, so in Deutschland die Medienstaatsverträge: gute Information für eine gute Demokratie; Menschenwürde und Rechtsstaat; erkenntnisorientierter Diskurs; Zusammenhalt der Gesellschaft, Föderalismus, Visibilität der Regionen, Integration der Minderheiten, barrierefreier Zugang; Förderung von Kultur und Bildung. Jahrzehntelang war das unumstritten. Doch nun trumpfen autoritäre Antiaufklärer auf, und sie halten die aufklärungsorientierten Leistungsaufträge für tendenziös. Das ist die stärkste Triebfeder für die Offensive gegen die BBC, France Télévisions, Radio France, ARD, ZDF, ORF, SRG und manch andere.

Im europäischen Labor für rechte Experimente, nämlich der direktdemokratischen Eidgenossenschaft, hat die Regierung bereits zwei Mal den Etat von Radio und Fernsehen gekürzt. Und ein neuerliches Volksbegehren will den Rundfunkbeitrag nun halbieren. Die Schweizerische Volkspartei – mit 28 Prozent Wähleranteil ist sie den AfD-Politikern ein Vorbild – lässt nicht locker. Milliardäre steuern diese nationalistisch-neoliberale Partei; sie verfolgen die Strategie, ihre Einflusssphäre auf mehr und mehr Medien auszudehnen. Dass die Schweizerische Radio- und Fernsehgesellschaft SRG SSR sich ihrem Zugriff entzieht, frustriert sie.

Die Alternative für Deutschland möchte ARD und ZDF »in ein Bezahlfernsehen umwandeln«, was verfassungswidrig wäre. Das Grundsatzprogramm fordert: »Der Empfang wird verschlüsselt bzw. passwortgeschützt, sodass nur noch freiwillige Zahler über einen Zugang verfügen.« Zudem habe sich das Angebot auf »hochwertige Berichterstattung, Bildung, Kunst und Kultur zu konzentrieren«.[22] Evident ist, dass nur eine winzige bildungsbürgerliche Minderheit ein Abonnement lösen würde. Die Rechte will ARD und ZDF ins Abseits schieben.

Kommt früher oder später ein AfD-Ministerpräsident an die Macht, etwa der Thüringer Björn Höcke, könnte er die Medienstaatsverträge kündigen und aus dem Verbund der 16 Länder aussteigen, selbst wenn das nicht im Standortinteresse seines Lands liegt. Eine solche Zäsur in der Geschichte der Bundesrepublik darf ein Ministerpräsident freihändig beschließen – nicht einmal die Zustimmung des Landtags wäre nötig.

In halb Europa machen aber auch gemäßigte Kräfte Druck. Wie so oft gleiten verunsicherte Konservative und Wirtschaftsliberale ins Fahrwasser der Reaktionäre. Sie greifen nicht frontal das öffentlich-rechtliche Prinzip an – sie wollen »sparen«. Gern bewirtschaften sie den immerwährenden Unmut von Bürgerlichen, denen der unabhängig-kritische Journalismus links vorkommt. Was sie gänzlich übersehen: Die Kanonade gegen die Öffentlich-Rechtlichen in Westeuropa ist autoritären Regierungen in Mitteleuropa und auf dem Balkan ein willkommener Vorwand, ihren öffentlichen Medienhäusern die Kandare anzulegen; der slowakische Ministerpräsident Robert Fico berief sich darauf, er täte ja nur, was auch andere tun.

Die Forderungen von Verlegern und liberal-konservativen Politikern nach einem Abbau des Online-Angebots (an dem die Zukunft jedes Mediums hängt) und nach einer Diät bei Unterhaltung und Sport (was jeden audiovisuellen Anbieter ins Mark trifft) laufen auf ein Desaster der öffentlichen Medienhäuser hinaus. Üblich ist es, elementare Voraussetzungen journalistischer Arbeit zu ignorieren. 163 Millionen Zuschauerinnen und Zuschauer verfolgten 2024 das Finale des von den Öffentlich-Rechtlichen ausgerichteten European Song Contest, er bildet in Europa den größten öffentlichen Raum des Vergnügens, der Gemeinsamkeit (und am Rande immer auch der Streitbarkeit, was dazugehört). Erreichen ARD, ZDF, ORF, SRG und die anderen ein großes Publikum, sind sie eine unerwünschte Konkurrenz der Verlage, was »ordnungspolitisch« fragwürdig sei. Bedienen sie kleinere Publika wie in der Kultur, kommt die Frage auf, warum so viel Geld für so wenig Interessierte verpuffe.

Ein Teil der Presse verpasst keine gute oder schlechte Gelegenheit, die öffentlichen Medienhäuser ins Zwielicht zu rücken. Heftige Kritiker ziehen den Kampfbegriff »Staatsfernsehen« heran, als seien ARD und ZDF vergleichbar mit dem chinesischen Rundfunk. Je schlimmer die Medienkrise Redaktionen auslaugt, desto tiefer der Vorbehalt gegen die massiv privilegierten Riesen ARD und ZDF.

Rechtsautoritäre werden sich erst dann mit dem öffentlich-rechtlichen Rundfunk versöhnen, wenn sie ihn kontrollieren. Bürgerliche glauben, mit Kritik an ARD und ZDF bei ihren Wählern zu punkten (was in der Schweiz danebenging, die lautesten Vorkämpfer gegen das »Staatsfernsehen« verloren ihren Parlamentssitz). Selbst nach einer Schrumpfkur öffentlicher Medienhäuser würde die Verlegerschaft unverdrossen ihre Benachteiligung beklagen. Populisten, Bürgerliche, Verleger, Presse: Vier Fuder Missmut beschweren das Fortkommen der Öffentlich-Rechtlichen. Als ob das nicht reichte, stehen sie sich in der Bundesrepublik selbst im Weg. Verschwendung, Vetternwirtschaft und das Versagen dilettantischer Aufsichtsgremien beim Rundfunk Berlin-Brandenburg RBB trüben seit 2022 das Image. Vor allem kostet die ineffiziente, weil anachronistische Struktur der ARD zu viel Geld und Gunst.

Die ARD startete 1950, das ZDF 1963. In beiden wuchs eine Kultur des leicht in sich gekehrten Eigenlebens. Die nach außen sperrige und nach innen zellförmige Architektur alter »Anstaltsgebäude« verkörpert erstaunliche Selbstbezogenheit in einem extrovertierten Gewerbe.

Eine Welt für sich bildet die Arbeitsgemeinschaft der öffentlich-rechtlichen Rundfunkanstalten der Bundesrepublik Deutschland. Die ARD hat ihr eigenes Vokabular, halb bürokratisch und halb kreativ-szenig. Sie unternimmt Kleinreformen, die in der Binnensicht als Siebenmeilenschritte daherkommen. Sie hat Ultrahierarchien, in die ein Outsider kaum je dringt und in denen mancher Reformer verzweifelt, sich fatalistisch oder zynisch dem Gegebenen hingibt: stets in gedeckter Atmosphäre, weil neun Landesrundfunkanstalten lebenslänglich verdammt sind, miteinander auszukommen. »Die Hölle sind die anderen«, doch gleichzeitig bündelt die ARD enormes Engagement mit fabelhafter Kompetenz im Zeichen des öffentlich-rechtlichen Ideals. Dies allerdings in einer feudalistischen Drei-Klassen-Gesellschaft mit 22 000 Angestellten, 14 000 schlechter situierten »festen Freien«, die bei weitem die meisten Beiträge produzieren, und als Prekariat ungezählten freien Mitarbeiterinnen und Mitarbeitern.

Die Anstalten WDR, NDR, SWR, BR, MDR, RBB, HR, SR und Radio Bremen mit neun Intendantinnen oder Intendanten bilden die weltgrößte Arbeits- und Streitgemeinschaft. An der Spitze tagen 20 Gremien:

pro Anstalt ein Rundfunkrat, ein Verwaltungsrat zuzüglich der ARD-Gremienvorsitzendenkonferenz und eines Programmbeirats. Hinzu kommen ARD-Generalsekretariat, Programmdirektion und auf allen Ebenen Fach- und Arbeitsgruppen, Initiativ- und Arbeitskreise, Kommissionen und Konferenzen, Beiräte, Netzwerke. Nüchtern betrachtet ist die ARD ein Unding. Laut Juristen ist sie nicht einmal rechtsfähig, eine Gemeinschaft ohne Rechtspersönlichkeit.

Dieses Konstrukt ist verrückt, aber eingespielt. Die ARD funktioniert zu gut, als dass sie sich tiefgreifend ändern möchte, aber schlecht genug, dass alle motzen. Sie hat keine Strategie. Niemand trägt Gesamtverantwortung, eine Kontrolle des Ganzen fehlt. Innerhalb der ARD herrscht Intransparenz, sie hat noch nicht einmal eine einheitliche Rechnungslegung. Das ermöglicht großen Anstalten, mit verdeckten Karten zu spielen, stille Reserven zu horten. In unaufhörlichen Verhandlungen unter den neun Mitgliedern denkt jeder Sender zunächst an sich. Trotz Umbruchs der Medien entscheidet die ARD im Schneckentempo und oft im widerwilligen Konsens, was das Umsetzen erschwert. Die Hälfte der Energie fließt in häufig vergebliche Koordinationssitzungen. Die besten Kräfte tun nicht, was sie sollten, sondern, was ihnen der ARD-Irrwitz abverlangt. Führungs- und Fachleute nomadisieren durch die Republik von ARD-Treffen zu ARD-Anstalt, ein Wanderzirkus und Perpetuum mobile. Mehrfachstrukturen bis hin zu Neunfachstrukturen – da fast alle fast alles machen – kosten Geld und Geist. Dieses Festival läuft im Zeichen des Föderalismus, aber viele Fernsehmacher entwickeln den Ehrgeiz, ihre Beiträge vornehmlich im bundesweiten Programm »Das Erste« zu platzieren.

Die teils reformwillige, jedoch schwerfällige ARD ist kein brauchbarer Partner für das straff geführte ZDF mit seiner Zentrale in Mainz, obwohl sich in der Technologie ein kostensparendes Zusammenspiel aufdrängt. In der digitalen Welt ist *coopetition* angesagt, jenes Ineinander von *cooperation* und *competition* (Wettbewerb), das im Großmaßstab Google und Apple praktizieren, nur ansatzweise aber die beiden öffentlich-rechtlichen Nichtpartner. Das ZDF seinerseits krankt daran, dass es im Zweifel eher zu kommerziell agiert, was in Mainz an sich alle wissen, aber die Gremien abnicken: weil es »funktioniert«.

»Erforderlich sind nicht bloß Veränderungen *im* System, sondern Umbauten *des* Systems.«[23] Dieses Fazit zog 2024 der von den 16 Ländern eingesetzte Rat für die zukünftige Entwicklung des öffentlich-rechtlichen Rundfunks, kurz »Zukunftsrat«, dem der Autor angehört.

Weniger Anstalten? Weniger Sender? Weniger Sendungen? Weniger Unterhaltung und Sport? Weniger Entgelt für Führungskräfte? Lauter disparate, teils unergiebige, teils kontraproduktive Kürzungen werden ins Spiel gebracht, schaffen jedoch keine effizienten Strukturen. Ohnehin kann nur ein recht breites Angebot der Diversität der Gesellschaft und Vielfalt der Präferenzen Genüge tun. Eine »Weniger-Strategie« würde wenig bringen und schon gar keine Akzeptanz; es bedarf einer »Anders-Strategie«. So setzte der Zukunftsrat auf Umbau statt Abbau. Die fünf Grundzüge des Konzepts:

- *Der Rahmen*. Die Öffentlich-Rechtlichen müssen der Demokratie und dem Zusammenhalt wirksamer dienen, da beide jetzt härter geprüft werden. Also soll die Finanzierung von ARD, ZDF und Deutschlandfunk teilweise davon abhängen, ob sie diesen Auftrag wirklich erfüllen.
- *Die Eigenverantwortung*. In diesem straffen Rahmen sollen die Öffentlich-Rechtlichen jedoch viel freier agieren als heute, um beweglich den Umbruch der Medien zu bestehen.
- *Die Stoßrichtung*. Erfolgsvoraussetzungen sind eine Strategie; die Kontrolle ihrer Umsetzung; betriebswirtschaftliche Effizienz und eine Arbeitsteilung zwischen Anstalten statt Mehrfachstrukturen in Technik und Verwaltung – so lassen sich Hunderte Millionen Euro in die audiovisuelle Produktion verlagern.
- *Die Organisation*. Ein solcher Kraftakt erfordert Geschäftsleitungen, die kollegial arbeiten. Und einen Verwaltungsrat als professionelles Aufsichtsgremium, das direkt in der strategischen Verantwortung steht.
- *Die ARD*. Bloße Koordination in einer »Arbeitsgemeinschaft« reicht nicht mehr. Sie benötigt eine

Dachorganisation und Gesamtleitung, um eine Strategie zu verfolgen und die Arbeitsteilung unter den neun Anstalten zu steuern. Das ist »organisierte Regionalität«.

Die von viel Koordination und Administration befreiten Sender könnten sich umso stärker ihrem Einzugsgebiet widmen: die regionalen Angebote ausbauen und im bürgernahen Dialog die Akzeptanz mehren, ähnlich wie die BBC nun auf lokale Berichterstattung setzt, um vor Ort das Öffentlich-Rechtliche erlebbar zu machen.

ARD, ZDF und Deutschlandfunk sollten auch »gemeinschaftsbildende digitale Orte« schaffen: Plattformen, auf denen sie die Posts der Nutzerinnen und Nutzer kuratieren. 2021 skizzierte die MDR-Intendantin Karola Wille ein revolutionäres Selbstbild der Öffentlich-Rechtlichen als »gemeinwohlorientiertes Kommunikationsnetzwerk« und Gegenpol zu US-Giganten.[24] 2023 startete das ZDF mit Kanada, der Schweiz und Wallonien das Vorhaben Public Spaces Incubator für ein soziales Medium »abseits von Hasskommentaren und zunehmender Desinformation«.[25] Ein Prototyp soll im besten Fall 2025 vorliegen und könnte Gemeinwohl-Algorithmen einsetzen, um konstruktive Posts hervorzuheben. Auf anderem Feld tut das Radio France bereits, um die Podcast-Hörerschaft »von den Filterblasen zu entfernen« und trotz individueller Ansprache eine überraschende Themenpalette zu bieten.[26]

ARD und ZDF sollten sich innovativ von kommerziellen Medien unterscheiden, so der Zukunftsrat: »Mehr Kühnes ist gefragt.« Der Platz für kulturelle Themen sei »nicht nur in der Nische«. Die Öffentlich-Rechtlichen müssen öffentlich-rechtlicher werden. Das griff 2024 das strategische Gremium der deutschen Medienpolitik auf: Die Rundfunkkommission der Länder schloss sich einigen Vorschlägen und Stoßrichtungen des Zukunftsrats an. In den Worten des Hamburger Mediensenators Carsten Brosda: »Wir brauchen dringend den öffentlich-rechtlichen Rundfunk, weil er die Wahrscheinlichkeit vernünftiger öffentlicher Kommunikation erhöht.«[27]

4. Auch die Plattformen müssen zu einem »Fundament der Demokratie« werden

Ob soziale Plattformen die Wahrscheinlichkeit vernünftiger öffentlicher Kommunikation erhöhen? Dass es sie gibt, ist gut – wie sie wirken, oft ungut. Sie sind Informationsquelle und Desinformationsschleuder, Debattenforum und Brandbeschleuniger, Treffpunkt kluger Köpfe und Bühne des Hasses, kreative Szene und Jugenddroge, Medium der Menschenfreunde und algorithmischer Manipulation.

Die Europäische Union hat mit dem Digital Services Act und dem Digital Markets Act erste Schritte zu einer Regulierung getan. Diese zwei epochemachenden

EU-Richtlinien über die digitalen Dienste und Märkte beabsichtigen, endlich illegalen Inhalten zu wehren, die Verantwortlichkeit der Plattformen festzuhalten, etwas Transparenz über die Algorithmen herzustellen, willkürliches Entfernen von Posts und Konten zu erschweren, dabei eine Begründungspflicht einzuführen – also die Grundrechte der Nutzerinnen und Nutzer einschließlich der Presse zu schützen. Das hätte sonst niemand geschafft, weder die einzelnen europäischen Nationalstaaten, die beim Regulieren globaler Riesen auflaufen, noch der Kongress in Washington: Effekthascherisch pflegt er die Chefs von GAFA (Google, Apple, Facebook, Amazon) zu regelrechten »Verhören« einzuladen, unternimmt dann aber wenig aus Rücksicht auf eine der rentabelsten Branchen der USA. Einzig Kartell- und Jugendschutzverfahren können den einheimischen Tech-Riesen gefährlich werden.

Der Digital Services Act (DSA) ist ein erster Schritt. Ein zweiter ist nötig. Denn für den Journalismus bringt der DSA wenig, außer dass Großplattformen nun »die Meinungs- und Informationsfreiheit, einschließlich der Freiheit und des Pluralismus der Medien«, berücksichtigen sollen, wie die Präambel festhält. Lehnen sie Inhalte ab, sollen sie »sorgfältig, objektiv und verhältnismäßig« vorgehen.[28]

Europa sorgt sich um die Zukunft eines Journalismus, der weiterhin den »Dialog als Lebensnerv der Demokratie« befördern soll, wie es der Berner Staatsrechtler Jörg Paul Müller auf den Punkt bringt.[29] Doch nach wie vor beugt sich dieses Europa den antideliberativen Algorithmen sozialer Plattformen, daran ändert der DSA (noch) nichts. Seine Präambel betont, »manipulative Techniken« könnten »gesellschaftliche Schäden verstärken, beispielsweise indem sie zu Desinformationskampagnen beitragen oder bestimmte Gruppen diskriminieren. Online-Plattformen sind ein Umfeld, das für solche Praktiken besonders anfällig ist.« Großplattformen bergen »systemische Risiken« für Demokratie, Wahlen und Gesellschaft. Gegen all das setzt die EU auf ein Allerlei von

- *enormen Sanktionen*: im äußersten Fall sechs Prozent des jährlichen weltweiten Umsatzes der mächtigsten Plattformen;
- *Aufforderungen*: Die Branche soll verschiedene Verhaltenskodizes erarbeiten, auf deren Einhaltung aber die konzerninterne Compliance-Instanz aufpasst;
- *enger Begleitung*: Die EU-Kommission werde die Verhaltenskodizes »fördern« und Untersuchungen vornehmen;
- *dosierter Transparenz* der Algorithmen: Plattformen sollen der Forschung Zugang zu den Daten gewähren;
- und eher unwahrscheinlicher *Selbstverantwortung*: Große Plattformen sollen die systemischen Risiken für Demokratie und Gesellschaft, die sie verursachen, selbst einschätzen und einen jährlichen Bericht liefern!

Müssten Großbanken das systemische Risiko für die Volkswirtschaft bewerten, das von ihnen ausgeht, käme Schönfärberei heraus. Und selbst die Presse weicht einer Diskussion aus über Schäden, die sie der Demokratie (auch) zufügt. Vermutlich wird der Digital Services Act etwas Ordnung in die halbe Anarchie, halbe Autokratie der Plattformen bringen. Jedoch reichen die Maßnahmen nicht aus, um die Algorithmen neu auszurichten: auf dass sie »so etwas wie ein gesellschaftlich wirksames Vernunft- und Richtigkeitsinteresse« befördern statt behindern, um eine Wendung des Zürcher Philosophen Georg Kohler aufzugreifen.[30]

Was tun? Noch nichts. Der DSA gilt erst seit Februar 2024 für sämtliche Plattformen. Binnen drei Jahren wird die Brüsseler Kommission »eine allgemeine Bewertung« vornehmen. Dann wird dem ersten Wurf ein zweiter folgen. In welche Richtung? Dazu sechs Spuren, um voranzukommen.

Erstens lassen sich Plattformen nicht von heute auf morgen wirksam regulieren: Auf juristischem Neuland sind Versuch und Irrtum die Regel – abgesehen davon, dass der Gesetzgeber per Definition langsamer ist als die reale und zumal die digitale Entwicklung. Aber mit dem DSA ist der Beweis erbracht: Die Lobby-Macht von GAFA mit ihren Aufwendungen von rund 150 Millionen Euro pro Jahr lässt sich brechen.[31]

Zweitens gilt: Je invasiver die Plattformen, desto invasiver sollte der Regulator sein. Undemokratische Macht zu brechen ist ein demokratisches Erfordernis.

Drittens empfiehlt sich ein pragmatisches Vorgehen. Die vorrangige Aufgabe liegt weniger darin, Inhalte zu verbieten, die der Demokratie schweren Schaden zufügen. Effizienter ist es, ihre Verbreitung abzubremsen, ihre Visibilität zu verringern, dank entsprechender Anforderungen an die Algorithmen. Dazu gehört die Vorschrift, dass Plattformen ausschließlich Posts mit dem Klarnamen überprüfter Nutzerinnen und Nutzern veröffentlichen, wie normalerweise Artikel in den journalistischen Medien.

Viertens treiben Plattformen wie TikTok viele Kinder und Jugendliche in die Abhängigkeit. Psychologen legen die Algorithmen so an, dass Nutzerinnen und Nutzer Inhalte bevorzugen, die am laufenden Band Dopamin-Kicks verabreichen; dieser Neurotransmitter steuert das Frust- oder Belohnungsgefühl. Plattformen sind ein Suchtmittel, das psychische Schäden verursacht. Deshalb klagen 33 US-Bundesstaaten gegen den Instagram- und Facebook-Konzern Meta. Italien fing schon 2007 an, Smartphones von der Schule fernzuhalten, Frankreich 2010, die Niederlande und Großbritannien 2024.[32] Auch deutsche Schulen wehren sich. Ein EU-weiter Jugendschutz samt Kriminalisierung von »Dopamin-Algorithmen« wäre sowohl zweckmäßig als auch angemessen.

Fünftens gilt in der Plattform-Welt der Deal: »Gratis«-Nutzung im Austausch gegen die Preisgabe persönlicher Daten. Diese unethische Transaktion sollte entweder verboten oder mit einer abschreckenden

Transaktionssteuer belegt werden. Pro Gratis-Nutzer müssten Facebook & Co. eine Abgabe zahlen, deren Ertrag in die Journalismusförderung fließt, ähnlich wie etliche Staaten den Erlös aus Tabak- und Alkoholsteuern in die Gesundheitsförderung investieren.

Sechstens könnte die EU vorschreiben, dass Großplattformen ihren Nutzerinnen und Nutzern die Anwendung demokratischer Algorithmen anbieten. Mit öffentlicher Anschubfinanzierung ließe sich der Vorschlag des amerikanischen Politologen und liberalkonservativen X-Kritikers Francis Fukuyama umsetzen: Große Plattformen sollen es den Nutzerinnen und Nutzern ermöglichen, den Feed und die Posts durch Algorithmen unterschiedlicher Drittanbieter aufbereiten zu lassen, je nach Präferenzen. Solche *middleware* (systemfremde Software als Brücke zwischen Anbieter und Nutzer) ist in der IT-Welt gang und gäbe.

Lauter höchst anspruchsvolle, aber machbare Ansätze. Jedenfalls gibt es nicht den geringsten Grund, tatenlos zuzusehen, dass keinem einzigen GAFA-Algorithmus die Dimension des Gemeinwohls einprogrammiert wurde: dass viel zu viele Plattformen emotionalisieren, polarisieren, desinformieren und die Debatte brutalisieren.

Die Europäische Union wird im zweiten Schritt Großplattformen auf die *res publica* verpflichten müssen – was deren kommerziellen Erfolg etwas mindern kann. Von diesem radikalen Kurswechsel hängt auch ab, ob sich künftig der Journalismus entfalten kann in einer gesellschaftlichen Wahrheitsumgebung, die seine Rolle als Faktensucher, Faktenprüfer und Faktenvermittler akzeptiert und honoriert; und ob guter Journalismus wieder gutes Geld verdienen kann.

Plattformpolitik ist Journalismuspolitik ist Demokratiepolitik. Die Demokratie muss den digitalen Raum zurückerobern: Es sollte selbstverständlich werden, dass X, Facebook oder Instagram dem Gemeinwohl und Gemeinwesen verpflichtet sind wie journalistische Medien. Ziel muss sein, dass sich auch die sozialen Medien zu einem »Fundament der Demokratie« entwickeln. Denn neben der Presse als Vierter Gewalt bilden sie nun die Fünfte Gewalt.

Nachwort
Gutenberg und KI

Man schrieb das Jahr 1976. Frühmorgens um sechs Uhr herrschte Hochbetrieb in der *Tribune de Genève*, da die Zeitung zur Mittagszeit erschien wie damals manches französischsprachige Blatt und bis heute *Le Monde*.

Das Erdgeschoss teilten sich Setzer, Metteure und Drucker. Die Setzer tippten in die Tasten mannshoher Setzmaschinen, deren lärmiges Räderwerk die Artikel in Blei goss. Die Metteure fügten die Artikel, lauter Bleiblöcke, zu einer Zeitungsseite. Die Drucker warteten auf die Druckplatten und fluchten über die säumigen Journalisten, die den Redaktionsschluss strapazierten.

Im Parterre die Arbeiter, im ersten Stock die Redaktion, im zweiten Verleger und Verlag. Lief um elf Uhr morgens die Rotationsdruckmaschine an, vibrierte das ganze Haus. Es roch nach Druckerschwärze und Aschenbecherasche, mit einer Schweißnote. Damals das Parfüm des Journalismus.

Der Chefredakteur war so breit wie hoch. Zu seiner Rechten ruhte ähnlich unförmig ein Ungetüm von einer Schreibmaschine. Sie liebte offensichtlich die Schläge ihres Herrn, dem die zwei Mittelfinger reichten, die Tastatur, die Politiker und die französische

Sprache zu malträtieren. Aber er war ein guter Mensch und kein schlechter Journalist.

Dieser Chef wollte die Volontäre mehr bilden als ausbilden, er nahm sie mit zu Gesprächen mit französischen Intellektuellen oder amerikanischen Ökonomen auf Durchreise in Genf, Stadt der internationalen Organisationen. Dem Nachwuchs empfahl er Bücher, Museumsbesuche, Tagungen. Nach Redaktionsschluss nahm er sich Zeit für kleine »Seminare«, in denen er die Aktualität historisch einordnete. Eines Tages stellte er den Volontär für drei Monate frei, um einen gewaltigen Bankenskandal zu recherchieren, den »Fall Chiasso« der Credit Suisse (damals Schweizerische Kreditanstalt). Der Leiter der Niederlassung Chiasso an der Grenze zu Italien hatte mit der Mafia, dem Vatikan und Steuerflüchtlingen mindestens 1,4 Milliarden Franken verspielt. Es war der Auftakt zu einer langen Reihe von Credit-Suisse-Desastern, die knapp ein halbes Jahrhundert später die Großbank ins Verderben stürzten.

Der Investigativjournalismus machte damals in Europa erste Gehversuche. Vorbilder waren Carl Bernstein und Bob Woodward von der *Washington Post*, die 1972/73 den Watergate-Skandal mit aufgedeckt hatten, worauf US-Präsident Richard Nixon stürzte. Auf den Fotos schauten die beiden wie pfiffige Lausbuben in die Welt, leger in ihren Button-down-Hemden mit offenen Krägen, losen Krawatten, breit geknotet, und den obligat aufgekrempelten Ärmeln. Diesen Bernstein-Woodward-Look imitierte der Volontär.

Sein Volontariat aber hatte von der Pike auf im Erdgeschoss begonnen. Pflicht war ein Einstand von drei Monaten im Korrektorat, zwischen den Setzern und Metteuren gelegen, »damit ihr Respekt lernt vor dem Metier«.

Im Parterre wusste Alberto, der Setzer, einiges mehr vom Journalismus als der Anfänger. Schwache Texte setzen zu müssen empörte ihn. Dagegen tippte er begeistert die handschriftlichen Rezensionen ab, die ihm der Filmkritiker auf drei Dutzend kleinen Notizzetteln samt Rotweinflecken übergab, gleich nach der Vorstellung heruntergeschrieben im nächsten Café, der Text floss süffig wie Beaujolais nouveau und ohne Verschrieb. 30 Jahre Setzerei hatten Albertos Urteil geschärft, ihn universalgebildet. Entdeckte er in einem Manuskript Sachfehler, stellte er den liederlichen Redakteur in den Senkel. Auch jeder Druckfehler verletzte seinen Stolz. Er zählte zur linken Aristokratie von Intellektuellen im Blaumann.

Diese Avantgarde der sozialistischen Revolution fiel der digitalen Revolution zum Opfer. Weil besonders streiklustig, wurde sie eilig wegrationalisiert. Seit Gutenberg hatte die Arbeiterelite Buchstaben, Wörter, Sätze in Blei gesetzt. Sie hatte über die Jahrhunderte viele gute, schlechte und mittelmäßige Artikel zu einer Zeitungsseite umbrochen. Als der Computer kam und alle Arbeit in den Bildschirm verlegte, vergoss Gérard der Metteur eine Träne. Tag für Tag hatte er vier, fünf Zeitungsseiten gebaut. Einen bleischweren Artikel nach dem anderen nahm er in die Hand, fügte ihn in den seitengroßen Metallrahmen. Musste er einen Beitrag kürzen, damit das Puzzle passte, entfernte er der Einfachheit halber gleich einen ganzen Absatz. Die Wahl der Passage, die wegfiel, traf weniger der Volontär als vielmehr der Metteur, der schneller von rechts nach links die bleierne Spiegelschrift zu lesen wusste. Solche Leseweise empfiehlt sich, denn sie lädt zum heilsamen Kürzen ein, erbarmungslos führt sie die Irrungen eines Texts vor Augen.

1962 aber hatte Marshall McLuhan das Ende des Gutenbergzeitalters und des Metiers von Alberto, Gérard und den anderen geweissagt. In die neue Welt, die sich auftat, drangen 1998 Google und 2004 Facebook. Fortan galt: Die Algorithmen sind die Botschaft. Bloß zwei Jahrzehnte später, am 22. November 2022, startete mit ChatGPT (*generative pre-trained transformer*) die künstliche Intelligenz für alle. Nunmehr ist zu hören: KI ist die Botschaft.

Die *Bild* möchte die KI mit Routine-Berichten betrauen und mindestens 200 Stellen streichen, so wie einst den Setzern und Metteuren der Beruf abhandenkam. Fast zwei Drittel der deutschen Verlagsmanager wollen »in sehr begrenztem Ausmaß« von KI verfasste und daraufhin von der Redaktion geprüfte Beiträge veröffentlichen.[1] Ihre Hoffnung ist: Mehr Content herstellen mit weniger Journalistinnen und Journalisten, die schneller arbeiten können. Allerdings deutet eine Umfrage darauf hin, dass das Publikum noch weniger zahlungsfreudig als ohnehin ist, wenn Redaktionen mit KI-Tools arbeiten.[2]

Im Datenjournalismus hilft KI, Leaks mit Millionen Datensätzen aufzuarbeiten. Unerlässlich ist künstliche Intelligenz beim Prüfen von Fotos und Videos – siehe die Recherchen des ARD-Podcasters Khesrau Behroz über die RAF-Terroristin Daniela Klette – oder beim Niederschreiben von Audiobeiträgen, beim Vertonen von Texten, beim Übersetzen und Archivieren, bei repetitiven Assistenzaufgaben. Sie erleichtert zudem das Kuratieren, Individualisieren und »Algorithmisieren« von Angeboten.[3] Da wird's schon heikel: Chefredakteurin KI?

Nicht unbedingt. Künstliche Intelligenz ist eine Einladung an Redaktionen, selbst zu recherchieren. Denn die KI kennt nur das Bekannte. Und im Grunde kennt sie die Welt nicht, sondern bloß das Internet. Chat GPT recherchiert, anders als der Redaktionsvolontär, keine Bankenskandale. Zudem erschließt KI diese Online-Welt mit beträchtlichem Zeitverzug. Der *generative pre-trained transformer* und andere KI-Systeme[4] müssen ihre maschinelle Intelligenz wochen- und monatelang trainieren, bevor sie imstande sind, mit neuem Input halbwegs sinnvoll umzugehen. ChatGPT ist nie auf dem aktuellen Stand.

Erfasst ChatGPT falsche oder tendenziöse Informationen, liefert die Software falsche oder tendenziöse Antworten. Verarbeitet sie jedoch stimmige Informationen, liegt sie oft ebenfalls daneben, weil sie anhand statistischer Wahrscheinlichkeiten »denkt« und formuliert – und wesentlich besser formuliert, als sie denkt. KI hat »Halluzinationen«, wie es im Fachjargon heißt: Hirngespinste. Denn künstliche Intelligenz ist einseitig eine logisch-mathematische und sprachliche Intelligenz, nicht eine soziale, emotionale und praktische Intelligenz, sagt der Physiker und ehemalige Astronaut Ulrich Walter. Deshalb lässt sich ChatGPT irreführen. Je nach Formulierung derselben Frage erteilt der Bot völlig unterschiedliche Antworten. Zudem fehlt der KI weitgehend die bildlich-räumliche Intelligenz, um Strukturen zu erfassen und sich darin zu orientieren.[5] Viele Zusammenhänge sieht ChatGPT nicht, oder der Bot stellt absurde Zusammenhänge her in seiner Blackbox.

Welche verantwortungsbewusste Redaktion verlässt sich auf eine Blackbox, zumal wenn diese schätzungsweise ein Fünftel der Fragen falsch beantwortet? KI »kann mit einem Journalisten verglichen werden, der geschliffene Texte schreibt, aber von den meisten Dingen keine Ahnung hat, sondern sich die zusammensuchen muss«, frotzelt Walter.[6]

2023 veröffentlichten bei einem Treffen in Frankreich 17 Verbände, Netzwerke und NGOs, darunter Reporter ohne Grenzen, eine »Pariser Charta zu künstlicher Intelligenz und Journalismus«. Quintessenz: Berufsethos und Verantwortlichkeit von Verlagen und Redaktionen gelten vollumfänglich auch beim Einsatz von KI. Zentral bleibt »die menschliche Entscheidungsfindung«. Bevor eine Redaktion KI-Systeme verwendet, soll sie diese von unabhängiger Seite bewerten lassen, auch auf die »Rückverfolgbarkeit« der Inhalte hin, auf ihre Herkunft und Authentizität. KI-Einsatz ist immer offenzulegen.[7]

Und wer übertrug den englischen Originaltext der Charta ins Deutsche? KI natürlich, der Kölner Online-Übersetzungsdienst DeepL macht laufend Fortschritte. Und dank Quantencomputer mögen eines Tages Quantensprünge folgen. Oder auch nicht. Sowieso lassen sich nur inkompetente Inhaltebesorgerinnen und Inhaltebesorger durch KI ersetzen. Oder auch nicht.

Immerzu lockt die Inkompetenz. Die zehn Gebote eines Medienbetriebs, der sich vom Journalismus entfernt, lauten:

- Stoff ist Füllmaterial, Nachschub für die hypertrophe Medienmaschine.
- Stoff ist, was leicht zu beschaffen ist.
- Stoff ist, was anderen Medien als Stoff gilt.
- Stoff ist, was auf sozialen Plattformen angesagt ist.
- Stoff ist, was »funktioniert«.
- Schwieriger Stoff ist unbrauchbar.
- Auch harmloser Stoff ist Skandalmaterial.
- Stoff darf um der Resonanz willen provozieren statt wegen seiner Brisanz.
- Stoff ist ein Vorwand, sich als Journalist oder Journalistin in Szene zu setzen.
- Stoff ist gut, Meinung ist besser.

Bei einem solchen Journalismus mag KI früher oder später die Redaktionen übertreffen, denn sie kennt noch mehr Bekanntes als Inhaltebesorger. Aber das Prinzip Trotzdem wird auch die allerbeste künstliche Intelligenz nicht verinnerlichen.

Auf kundige Journalistinnen und Journalisten kommt es mehr denn je an, auf die vielen Begabten in diesem Beruf, für den einige ihr Leben aufs Spiel setzen. Redakteure, Reporterinnen, Rechercheure, Leitartiklerinnen, Kolumnisten, Chefredakteurinnen, Ressortleiter, Chefinnen vom Dienst, Programmleiter, Regisseurinnen, Produzenten, Moderatorinnen, Fotografen, Kameraleute, Tontechnikerinnen, Layouter, Web-Designerinnen, Art Directors, Community-Manager, Webseiten- und Blattmacherinnen, Dokumentalisten, Faktencheckerinnen und Korrektoren (die wichtiger denn je sind bei der Orgie grammatikalischer und orthografischer Fehler) tragen in sich eine Leidenschaft.

Und inmitten des Journalismus finden sich auch die Carl Bernsteins und Bob Woodwards des 21. Jahrhunderts: ganz ohne Krawatte, aber sie müssen nach wie vor die Ärmel hochkrempeln. Sie heißen zum Beispiel Jodi Kantor und Megan Twohey, jene zwei *New-York-Times*-Reporterinnen, die 2017 über Macht- und sexuellen Missbrauch durch den Hollywood-Produzenten Harvey Weinstein recherchierten. Mit ihren Artikeln lösten sie die #MeeToo-Bewegung aus. Gemäß dem Prinzip Trotzdem.

Journalismus bewegt die Dinge, die er genau beschreibt. Kantor, Twohey und Hunderttausende resolute, kompetente Kolleginnen und Kollegen rund um die Welt und Medienwelt: Sie haben sich einem Beruf verschrieben, der sucht, was KI niemals findet. Sie wollen wissen, was man nicht weiß. Wissen ist Macht, Wissenwollen Gegenmacht.

Anmerkungen

Einleitung
Die Kunst heute ist, Journalismus zu machen trotz der Medien

1 Siehe Roger de Weck, *Die Kraft der Demokratie. Eine Antwort auf die autoritären Reaktionäre*, erweiterte Taschenbuchausgabe, Berlin: Suhrkamp 2022 [2020].
2 Michel Foucault, »Zur Genealogie der Ethik: Ein Überblick über die laufende Arbeit«, in: *Dits et Ecrits. Schriften*, Bd. 4: *1980-1988* 2005 [1983], Frankfurt am Main: Suhrkamp, S. 461-498, S. 465.

I
Journalismus – ein Rückblick nach vorn

1 Die Angaben zu Théophraste Renaudot im historischen Überblick stammen namentlich aus folgenden Quellen, die nicht einzeln ausgewiesen werden: G. Gilles de la Tourette, *Théophraste Renaudot d'après des documents inédits*, Paris: E. Plon, Nourrit et Cie. 1884; Gilles de la Tourette, *La vie et les œuvres de Théophraste Renaudot, Fondateur du journalisme et des consultations charitables*, Paris: Edition du Comité 1892; Théophraste Renaudot, *Response de Théophraste Renaudot, Conseiller et Médecin du Roi, Maistre & Intendant Général des Bureaux d'Adresses de France & Historiographe de Sa Majesté à l'Autheur des Libelles intitulez Avis du Gazetier de Cologne à celui de Paris [...]*, Paris: Du Bureau d'Adresses 1648. Die wörtlichen Zitate wurden vom Verfasser ins Deutsche übertragen.
2 Sonja Zekri, »Ein russischer Held – chancenlos, aber unbeirrbar«, in: *Süddeutsche Zeitung* (14. Dezember 2008), online verfügbar unter: {https://www.sueddeutsche.de/kultur/garri-kasparow-bei-beckmann-ein-russischer-held-chancenlos-aber-unbeirrbar-1.803997}.
3 Dmitri Muratow, »Antidote against tyranny«, Nobelpreisrede, gehalten am 10. Dezember 2021, online verfügbar unter: {https://www.nobelprize.org/prizes/peace/2021/muratov/lecture/}.

4 Maria Ressa, Nobelpreisrede, gehalten am 10. Dezember 2021, online verfügbar unter: {https://www.nobelprize.org/prizes/peace/2021/ressa/lecture/}.

5 Siehe dazu z.B. den am 17. Juni 2021 in der CNN-Sendung *Don Lemon Tonight* ausgestrahlten Bericht »Tucker Carlson promotes conspiracy that FBI planned Capitol riot«; online verfügbar unter: {https://www.youtube.com/watch?v=geGq5EU5dMk}.

6 Statement von Anna-Lena von Hodenberg anlässlich der Verleihung einer Theodor-Heuss-Medaille an HateAid, Stuttgart (12./13. Mai 2023); der Verfasser ist Mitglied des Kuratoriums der Theodor Heuss Stiftung.

7 Siehe dazu z.B. den am 11. Januar 2024 in der ABC-Sendung *The View* ausgestrahlten Bericht »Fox News pushes Taylor Swift conspiracy theory«, online verfügbar in: {https://www.youtube.com/watch?v=xKbHrtbYWWU}.

8 Ben Harris/Aaron Soujourner, »Why are Americans so displeased with the economy? Measuring whether economic news has become more negative«, Brookings (5. Januar 2024); online verfügbar unter: {https://www.brookings.edu/articles/why-are-americans-so-displeased-with-the-economy/}.

9 »From the editors; The Times and Iraq«, in: *The New York Times* (26. Mai 2004); online verfügbar unter: {https://www.nytimes.com/2004/05/26/world/from-the-editors-the-times-and-iraq.html}.

2

Wenn Journalismus die sozialen Medien nachahmt

1 EPD, »Medien setzen zu sehr auf Aufmerksamkeit durch Polarisierung«, in: *Evangelische Zeitung* (16. September 2023); online verfügbar unter: {https://www.evangelische-zeitung.de/buhrow-medien-setzen-zu-sehr-auf-aufmerksamkeit-durch-polarisierung-2}.

2 Nick Lüthi, »Tamedia. So blicken die Chefs in die Zukunft nach dem Abbau«, Interview mit Mathias Müller von Blumencron, dem publizistischen Leiter von Tamedia ad interim, und Tamedia-CEO Andreas Schaffner (21. September 2023); online verfügbar unter: {https://www.persoenlich.com/medien/so-blicken-die-chefs-in-die-zukunft-nach-dem-abbau}.

3 Jürgen Kaube, »Zeitung ist organisierte Unruhe«, in: *Frankfurter*

Allgemeine Zeitung (26. April 2024); online verfügbar unter: {https://www.faz.net/aktuell/feuilleton/eroeffnungsrede-zum-f-a-z-kongress-von-juergen-kaube-19681331.html}.

4 Jens Schröder, »Meedia-Analyse 2023: Kevin Kühnert ist der neue Talkshowkönig«, (21. Dezember 2023); online verfügbar unter: {https://www.meedia.de/marktdaten-medien/meedia-analyse-2023-kevin-kuehnert-ist-der-neue-talkshowkoenig-6ae37ceb16a4d0e7595b2d64a77313ea}.

5 Marshall McLuhan, *Die magischen Kanäle. Understanding Media*, Dresden/Basel 1994 [1964]. *Understanding Media. The Extensions of Man*, London: Routledge 2001.

6 Marshall McLuhan/Quentin Fiore, *Das Medium ist die Massage*, Stuttgart: Klett-Cotta 2011 [1967]. Marshall McLuhan/Quentin Fiore, *The Medium is the Massage. An Inventory of Effects*, London: Penguin 2008.

7 Forsa, »dbb Bürgerbefragung Öffentlicher Dienst 2023. Der öffentliche Dienst aus Sicht der Bevölkerung«, Berlin: dbb Beamtenbund und Tarifunion 2023, S. 14; online verfügbar unter: {https://www.dbb.de/lexikon/themenartikel/b/buergerbefragung.html}.

8 Thomas Hanitzsch/Jana Rick, »Prekarisierung im Journalismus. Erster Ergebnisbericht März 2021« (März 2021), Institut für Kommunikationswissenschaft und Medienforschung, Ludwig-Maximilians-Universität München; online verfügbar unter: {https://www.ifkw.uni-muenchen.de/lehrbereiche/hanitzsch/projekte/drittmittelprojekte/prekari_journ/index.html}.

9 Verein ProQuote Medien, »Frauenmachtquote in Deutschlands Leitmedien erstmals seit zehn Jahren rückläufig« (31. Juli 2024); online verfügbar unter: {https://www.pro-quote.de/frauenmachtanteile-in-deutschlands-leitmedien-erstmals-seit-zehn-jahren-ruecklaeufig/}.

10 Marc Felix Serrao, »Remigration? Ja, aber richtig: Wer illegale Migranten nicht ausschafft, schafft sich selbst ab«, in: *Neue Zürcher Zeitung* (11. Januar 2024); online verfügbar unter: {https://www.nzz.ch/der-andere-blick/remigration-ja-aber-richtig-ld.1773834}.

11 Meta, »Community Standards Enforcement Report. Q4 2023 Report« (Februar 2024); online verfügbar unter: {https://transparency.fb.com/reports/community-standards-enforcement/}.

12 Frank-Walter Steinmeier, Rede anlässlich der »Feierstunde ›100 Jahre Rudolf Augstein‹« (Hamburg, 3. November 2023); online verfüg-

bar unter: {https://www.bundespraesident.de/SharedDocs/Reden/DE/Frank-Walter-Steinmeier/Reden/2023/11/231103-Rudolf-Augstein-100Jahre.html?cms_submit=Suchen&cms_templateQueryString=Augstein}.

13 Giovanni di Lorenzo, »Unser Ruf steht auf dem Spiel«, in: *Die Zeit* (29. Februar 2016); online verfügbar unter: {https://www.zeit.de/kultur/2016-02/dresdner-rede-dresden-giovanni-di-lorenzo}.

3
Mehr Medien, weniger Journalismus

1 Anna Ernst, »›Bild‹ baut Hunderte Stellen ab und schließt zehn Regionalbüros«, in: *Süddeutsche Zeitung* (19. Juni 2023); online verfügbar unter: {https://www.sueddeutsche.de/medien/bild-stellenabbau-regionalbueros-zeitung-1.5946769}.

2 FAZ, »F. A. Z.-Ökonomenranking. Deutschlands einflussreichste Ökonomen«, in: *Frankfurter Allgemeine Zeitung* (15. September 2021); online verfügbar unter: {https://www.faz.net/aktuell/wirtschaft/wirtschaftswissen/f-a-z-oekonomenranking-2021-die-tabellen-17538768.html}.

3 Siehe auch Nils C. Kumkar, *Alternative Fakten. Zur Praxis der kommunikativen Erkenntnisverweigerung*, Berlin: Suhrkamp 2022.

4 Autorisiertes Zitat aus einem Mail-Wechsel mit Mario Gmür (22. August 2023). Siehe auch Mario Gmür, *Der öffentliche Mensch. Medienstars und Medienopfer*, München: dtv 2002.

5 Richard Sennett, *Verfall und Ende des öffentlichen Lebens. Die Tyrannei der Intimität*, Frankfurt am Main: S. Fischer 1985 [1977].

6 Andreas Reckwitz, *Die Gesellschaft der Singularitäten*, Berlin: Suhrkamp 2023 [2019].

7 Frank Lobigs, »Paradigmenwechsel in der Ökonomie gesellschaftlich relevanter digitaler Medieninhalte«, Expertise im Auftrag der Eidgenössischen Medienkommission (31. Dezember 2016/21. April 2017), online verfügbar unter: {https://www.emek.admin.ch/inhalte/pdf/Expertise_EMEK_Frank_Lobigs_v.pdf}, S. 30.

8 Video von Julian Reichelt, »Warum Faktenfinder die neue Zensur sind« (21. Dezember 2023); online verfügbar unter: {https://www.nius.de/episodes/warum-faktenfinder-die-neue-zensur-sind/bf592c77-d3cb-4c75-94ff-121dbc935a92}.

9 Carolin Amlinger, Oliver Nachtwey, *Gekränkte Freiheit – Aspekte des libertären Autoritarismus*, Berlin: Suhrkamp 2022, S. 347.

10 Dan McCrum, »Wirecard suspect accounting practices revealed«, in: *Financial Times* (15. Oktober 2019); online verfügbar unter: {https://www.ft.com/content/19c6be2a-ee67-11e9-bfa4-b25f11f42901}.

11 Julia Behre et al., *Reuters Institute Digital News Report 2024, Ergebnisse für Deutschland*, Hamburg: Verlag Hans-Bredow-Institut 2024; online verfügbar unter: {https://www.ssoar.info/ssoar/handle/document/94461}.

12 Nic Newman et al., *Reuters Institute Digital News Report 2023*, Oxford: Reuters Institute for the Study of Journalism 2023, S. 34; online verfügbar unter: {www.digitalnewsreport.org/2023}.

13 Siehe das Schweizer *Jahrbuch Qualität der Medien 2022*, Basel: Schwabe 2022, S. 11; online verfügbar unter: {https://www.foeg.uzh.ch/de/jahrbuch-qdm/gesamtausgabe.html}.

14 Robert Misik, »Systemkritik für Paranoiker. Verschwörungstheorien operieren mit dem Werkzeug der Aufklärung und stillen die Sehnsucht nach Vereindeutigung in einer komplexen Welt«, in: *Neue Zürcher Zeitung* (3. Dezember 2022); online verfügbar unter: {https://www.nzz.ch/meinung/systemkritik-fuer-paranoiker-es-bluehen-die-verschwoerungstheorien-ld.1701826}. Misik zitierte Markus Metz, Georg Seeßlen, *Blödmaschinen – Die Fabrikation der Stupidität*, Berlin: Suhrkamp 2011.

15 Eduard Kaeser, »Das postfaktische Zeitalter«, in: *Neue Zürcher Zeitung* (22. August 2016); online verfügbar unter: {https://www.nzz.ch/meinung/kommentare/googeln-statt-wissen-das-postfaktische-zeitalter-ld.111900}.

16 Ursula Schneider, *Das Management der Ignoranz. Nichtwissen als Erfolgsfaktor*, Wiesbaden: DUV 2006, S. 77f.

4
Generalangriff auf den Journalismus

1 OECD, *The Protection and Promotion of Civic Space, Strengthening Alignment with International Standards and Guidance*, Paris: OECD Publishing 2022, S. 12; online verfügbar unter: {https://www.oecd-ilibrary.org/governance/the-protection-and-promotion-of-civic-space_d234e975-en}.

2 Hannes Munzinger/Frederik Obermaier/Bastian Obermayer/Ralf Wiegand, »Suisse Secrets«, in: *Süddeutsche Zeitung* (21. Februar 2022); online verfügbar unter: {https://www.sueddeutsche.de/thema/Suisse_Secrets}.

3 Verlegerverband Schweizer Medien, »Pressefreiheit: Zentraler Pfeiler der Demokratie in Gefahr« (3. Mai 2023); online verfügbar unter: {https://www.schweizermedien.ch/artikel/medienmitteilung/2023/pressefreiheit-zentraler-pfeiler-der-demokratie-in-bedrangnis}.

4 Siehe Verband der Historikerinnen und Historiker Deutschlands e.V., »Hohenzollern-Klage-Wiki« (10. Dezember 2021), c/o Heinrich-Heine-Universität Düsseldorf; online verfügbar unter: {https://wiki.hhu.de/spaces/viewspace.action?key=HV}.

5 Uwe Krüger/Max Beuthner/Connor Endt, »Agenda-Cutting durch SLAPPs? Die Klagen der Hohenzollern und ihre Wirkung auf die Presse- und Wissenschaftsfreiheit aus Sicht der betroffenen Journalisten und Forscher«, in: *Publizistik* (12. Februar 2024); online verfügbar unter: {https://doi.org/10.1007/s11616-024-00833-y}.

6 Frank Fechner, *Entscheidungen zum Medienrecht*, Tübingen: Mohr Siebeck 2018 [2007], 2. Auflage, S. 5.

7 Heinrich Böll, *Die verlorene Ehre der Katharina Blum. Erzählung*, Köln: Kiepenheuer & Witsch 1974.

8 Yannick Höppner, »BGH-Urteil: Funke durfte Afghanistan-Papiere veröffentlichen«, in: *Westdeutsche Allgemeine Zeitung* (30. April 2020); online verfügbar unter: {https://www.waz.de/politik/article229018589/bgh-urteil-funke-durfte-afghanistan-papiere-veroeffentlichen.html}.

9 Ifo/LTO-Redaktion, »Ohne Vereinbarung kein Informantenschutz«, in: *LTO Legal Tribune Online* (13. Juli 2023); online verfügbar unter: {https://www.lto.de/recht/nachrichten/n/lg-berlin-67o3623-reichelt-informantenschutz-beschluss-berlin-holger-friedrich/}.

10 MDR Kulturdesk, Audio »Studie: Viele Angriffe auf Journalisten in Sachsen« (20. Dezember 2023); online verfügbar unter: {https://www.mdr.de/nachrichten/sachsen/leipzig/leipzig-leipzig-land/leipzig-europaeisches-zentrum-pressefreiheit-kultur-news-100.html}.

11 Siehe die NGO ActSafer, »ActSafer Dreiländertour 2024. Demokratie braucht Berichterstattung. Berichterstattung braucht Sicherheit«; online verfügbar unter: {https://heaff.de/actsafer-dreilaendertour-2024/}.

12 Reporter ohne Grenzen, »Weniger Übergriffe, aber pressefeindliche Stimmung« (9. April 2024); online verfügbar unter: {https://www.

reporter-ohne-grenzen.de/pressemitteilungen/meldung/weniger-uebergriffe-aber-pressefeindliche-stimmung}. Laut einer anderen Zählung des Europäischen Zentrums für Presse- und Medienfreiheit (ECPMF) in Leipzig erfolgten 2023 in Deutschland 69 physische Angriffe auf Journalistinnen und Journalisten und 2022 56, siehe European Centre for Press & Media Freedom, »Feindbild Journalist:in 8 – Angst vor der Selbstzensur« (16. April 2024), S. 8; online verfügbar unter: {https://www.ecpmf.eu/feindbild-journalistin-8-angst-vor-der-selbstzensur/}.

13 Siehe Video. Bundestagsabgeordnete Joana Cotar, »Aktuelle Stunde. Schutz der Meinungsfreiheit« (7. Mai 2021); online verfügbar unter: {https://www.bundestag.de/mediathek?videoid=7520187#url=L21lZGlhdGhla292ZXJsYXk/dmlkZW9pZD03NTIwMTg3&mod=mediathek}.

14 Bündnis Sahra Wagenknecht, »Programm für die Europawahl 2024« (Januar 2024), S. 20 (letzte Seite, Seiten nicht nummeriert); online verfügbar unter: {https://bsw-vg.de/programm/europawahlprogramm-2024/}.

15 Landtag Brandenburg, Antrag der AfD-Fraktion »Sogenanntes Potsdamer Geheimtreffen – Rechtsaufsicht muss gegen die wahrheitswidrige Berichterstattung des rbb tätig werden« (eingegangen 13. Februar 2024, abgelehnt 22. Februar 2024 / Drucksache 7/9209); online verfügbar unter: {https://www.parlamentsdokumentation.brandenburg.de/starweb/LBB/ELVIS/servlet.starweb?path=LBB/ELVISa/SITZUNG_TOPs.web&search=NODE=483053*}.

16 Hans Böckler Stiftung, »Übersichtstabelle: Monatsverdienste nach Berufen bei zehn Jahren Berufserfahrung (2023), in Euro«, WSI-Lohnspiegel-Datenbank, Düsseldorf: Wirtschafts- und Sozialwissenschaftliches Institut 2023; online verfügbar unter: {https://www.wsi.de/de/pressemitteilungen-15991-wer-verdient-was-51672.htm}.

17 Susanne Stracke-Neumann, »Equal Pay – auch nicht im Journalismus« (6. März 2024); online verfügbar unter: {https://mmm.verdi.de/medienwirtschaft/equal-pay-auch-nicht-im-journalismus-95537}.

18 Siehe auch Mark Eisenegger, »Dritter, digitaler Strukturwandel der Öffentlichkeit als Folge der Plattformisierung«, in: Mark Eisenegger et al. (Hg.), *Digitaler Strukturwandel der Öffentlichkeit – Historische Verortung, Modelle, Konsequenzen*, Wiesbaden: Springer 2021, S. 17-38.

19 Harry G. Frankfurt, *Bullshit*, Berlin: Suhrkamp 2014.

20 Michael Lewis, »Has Anyone Seen the President? Michael Lewis goes to Washington in search of Trump and winds up watching the State of the Union with Steve Bannon«, Bloomberg (9. Februar 2018); online verfügbar hinter Registrierungsschranke unter: {https://www.bloomberg.com/view/articles/2018-02-09/has-anyone-seen-the-president}. Siehe auch Brian Stelter, »This infamous Steve Bannon quote is key to understanding America's crazy politics«, CNN Business (16. November 2021); online verfügbar unter: {https://edition.cnn.com/2021/11/16/media/steve-bannon-reliable-sources/index.html}.

21 Elon Musk, @elonmusk, X-Post (11. Juni 2023); online verfügbar unter: {https://twitter.com/elonmusk/status/1667981519690907651}.

22 Jürgen Habermas, *Faktizität und Geltung. Beiträge zur Diskurstheorie des Rechts und des demokratischen Rechtsstaats*, Frankfurt am Main: Suhrkamp 1998 [1992].

23 Zara Riffler, »Omid Nouripour, neuer Chef der Grünen, will die Scharia in Deutschland einführen. Sie soll mit dem Grundgesetz vereinbar sein«, in: *Die Weltwoche* (2. Februar 2022); online verfügbar unter: {https://weltwoche.ch/daily/omid-nouripours-neuer-chef-der-gruenen-will-die-scharia-in-deutschland-einfuehren-sie-soll-mit-dem-grundgesetz-vereinbar-sein/}.

24 Siehe Video »Bundestag: AfD-Antrag über Islam erntet Widerspruch übriger Fraktionen«, in: YouTube (11. Oktober 2018); online verfügbar unter: {https://www.bundestag.de/dokumente/textarchiv/2018/kw41-de-scharia-570752}.

25 Hottinger Literaturgespräche, Charles Linsmayer im Gespräch mit Adolf Muschg, Theater Neumarkt, Zürich (27. Oktober 2023).

26 Gespräch mit Renate Schroeter an der Dritten Europäischen Public Value Konferenz des MDR (Leipzig, 20. September 2023).

27 Julius Stiebert, »Griechenland: Kritik an Gesetz zu Fake News«, (17. November 2021, update vom 18. November 2021); online verfügbar unter: {https://posteo.de/news/griechenland-kritik-an-gesetz-zu-fake-news}.

28 »Strache schwer belastet: Das sagt FPÖ-Chef im Video« (17. Mai 2019); online verfügbar unter: {https://www.news.at/a/zitate-strache-fp%C3%B6-chef-video-10795150}.

29 Video »FPÖ-Neujahrstreffen 2024 – Die Rede von Herbert Kickl«,

(13. Januar 2024); online verfügbar unter: {https://www.youtube.com/watch?v=SvhsEKQe3eQ}.

30 Björn Höcke, Sebastian Hennig, *Nie zwei Mal in denselben Fluss – Björn Höcke im Gespräch mit Sebastian Hennig*, Lüdinghausen und Berlin: Manuscriptum 2018, S. 101, S. 216.

31 Sebastian Beutler, »AfD-Politiker plant schwarze Listen von Journalisten«, in: *Sächsische Zeitung* (31. Januar 2019); hinter Bezahlschranke online verfügbar unter: {https://www.saechsische.de/plus/afd-plant-schwarze-liste-von-journalisten-5029476.html}. Matthias Meisner, »Sachsen. AfD-Bundestagsabgeordneter wirft Presse Zersetzungsstrategien vor«, in: *Tagesspiegel* (1. Februar 2019); online verfügbar unter: {https://www.tagesspiegel.de/politik/afd-bundestagsabgeordneter-wirft-presse-zersetzungsstrategien-vor-4034755.html}.

32 Patrick Greenfield, »Violent attacks against environmental journalists on the rise, report finds«, in: *The Guardian* (3. Mai 2024); online verfügbar unter: {https://www.theguardian.com/environment/article/2024/may/02/violent-attacks-against-environmental-journalists-on-the-rise-report-finds}.

33 Christian Unger, Interview mit BKA-Präsident Holger Münch, »Die Altersgruppe der Jugendlichen begeht seit jeher ›die meisten Straftaten pro Kopf‹ – ›ist also besonders gefährdet, delinquent zu werden‹« (28. März 2023); online verfügbar unter: {https://www.bka.de/DE/Presse/Interviews/2023/230328_InterviewMuenchFunkeMedien.html}.

5
Wie sich der Journalismus selbst helfen kann

1 Fernando Aramburu, »Pequeña magnitud – Se mire por donde se mire, la muerte es una pérdida de tiempo«, in: *El País* (28. Februar 2015); online verfügbar in: {https://elpais.com/cultura/2015/02/25/babelia/1424877584_539272.html?event_log=oklogin}.

2 Norbert Lammert, »Wahrheit und Demokratie – Unverzichtbar: Die Meinungs- und Pressefreiheit«, in: *Osteuropa* 60/12 (Dezember 2010), S. 172; online verfügbar unter: {https://www.jstor.org/stable/44935259?read-now=1&seq=1#page_scan_tab_contents}.

3 Rede des Abgeordneten Carlo Schmid im Parlamentarischen Rat,

»Was heißt eigentlich: Grundgesetz?« (8. September 1948), Stenografischer Bericht, S. 70ff.; online verfügbar unter: {https://www.slpb.de/themen/geschichte/1945-bis-1989/herrenchiemseer-verfassungskonvent}.

4 Karl Popper, *Die offene Gesellschaft und ihre Feinde*, Bd. 1, Tübingen: Mohr Siebeck, 7. Aufl., 1992 [1945], S. 333.

5 Anton Jäger, *Hyperpolitik – Extreme Politisierung ohne politische Folgen*, Berlin: Suhrkamp 2023, S. 15-28, S. 98-100, S. 105. Den Begriff »Hyperpolitik« entlehnte Jäger bei Peter Sloterdijk, *Im selben Boot. Versuch über die Hyperpolitik*, Frankfurt am Main: Suhrkamp 1993.

6 Florian Illies, *Generation Golf. Eine Inspektion*, Frankfurt am Main: S. Fischer 2001.

7 Ralf, Dahrendorf, »Aktive und passive Öffentlichkeit«, in: *Merkur* 21 (1967), S. 1109-1122.

8 Karl Kraus, *Heine und die Folgen*, München: Albert Lange 1910, S. 11. Zuvor erschien die erste Satzhälfte in der Aphorismen-Sammlung: Karl Kraus, *Sprüche und Widersprüche*, München: Albert Lange 1909, S. 167.

9 Max Müller, »Wert und Würde des Kompromisses«, in: *Saeculum* 30/2-3 (September 1979), Freiburg i. Br.: Karl Alber 1979, S. 197; hinter Bezahlschranke online verfügbar unter: {https://www.vr-elibrary.de/doi/10.7788/saeculum.1979.30.23.197}.

10 Siehe Kurt Imhof, »Politik im neuen Strukturwandel der Öffentlichkeit«, in: Armin Nassehi, Markus Schroer (Hg.), *Der Begriff des Politischen. Grenzen der Politik oder Politik ohne Grenzen?*, Sonderband der *Sozialen Welt*, München 2003, S. 313-329; online verfügbar unter: {https://www.foeg.uzh.ch/de/search.html?q=Kurt+Imhof+Strukturwandel}.

11 Karl-Heinz Janßen, *Die Zeit in der ZEIT. 50 Jahre einer Wochenzeitung*, Berlin: Siedler 1995, S. 113. Zum Vergleich: In derselben Frist stieg die Auflage der *Süddeutschen Zeitung* von gut 200 000 auf knapp 240 000.

12 Uwe Mantel, »TV-Hits 2923: Die meistgesehenen Sendungen des Jahres« (26. Dezember 2023); online verfügbar unter: {https://www.dwdl.de/magazin/96079/tvhits_2023_die_meistgesehenen_sendungen_des_jahres/page_1.html}.

13 Thomas Maresca, »›Squid Game‹ director Hwang Dong-hyuk: World is facing ›limits of capitalism‹« (18. November 2021); online verfüg-

bar unter: {https://www.upi.com/Top_News/World-News/2021/11/18/squid-game-hwang-dong-hyuk-netflix-capitalism/8491637238821/}.

14 Der Ausdruck stammt aus dem Bericht des im März 2023 von der Rundfunkkommission der Länder berufenen »Zukunftsrats« für Reformen bei ARD, ZDF und Deutschlandfunk, dem der Autor angehörte. »Bericht des Rats für die zukünftige Entwicklung des öffentlich-rechtlichen Rundfunks« (Januar 2024), S. 11; online verfügbar unter: {https://rundfunkkommission.rlp.de/rundfunkkommission-der-laender/zukunftsrat}. Die acht Mitglieder des Zukunftsrats: Julia Jäkel (Vorsitz), Peter M. Huber (stellvertretender Vorsitz), Mark D. Cole, Maria Exner, Nadine Klass, Bettina Reitz, Annika Sehl und Roger de Weck.

6
Die Infrastruktur der Demokratie instand halten: Eine Staatsaufgabe

1 Nach Übergriffen Russlands und Chinas werden allerdings Recherchen über Schwedens Mitwirkung in der Nato und weiteren Organisationen durch ein neues »Auslandspionagegesetz« etwas erschwert.

2 Verfassungen des Königreiches Schweden, 3. Teil: Pressefreiheitsverordnung (Druckfreiheitsverordnung) vom 5. April 1949 in der Fassung der Bekanntmachung (Omtryck) Nr. 1971:273, mit Aktualisierungen; online verfügbar unter: {https://www.verfassungen.eu/sw/}.

3 Mitunter schaffen es die Niederlande, Irland, Estland und Costa Rica unter die ersten fünf, dicht gefolgt von Jamaica. Siehe Reporter ohne Grenzen, »Rangliste der Pressefreiheit« (Mai 2024); online verfügbar unter: {https://www.reporter-ohne-grenzen.de/rangliste/rangliste-2024}.

4 Norwegen war nicht in der Umfrage. European Broadcasting Union EBU, »Trust in Public Service Media 2022. Public Version« (3. Oktober 2022); nach Registrierung online verfügbar unter: {https://www.ebu.ch/research/membersonly/report/trust-in-public-service-media}.

5 Webseite des schwedischen Medienrats Mediemyndigheten, »Beviljade stöd och protokoll«; online verfügbar unter: {https://mediemyndigheten.se/stod-till-medier/beviljade-stod/}. Und: Manuel Puppis, Etienne Bürdel, »Ländervergleich Onlinemedienförderung.

Bericht zuhanden des Bundesamts für Kommunikation« (Dezember 2019); online verfügbar unter: {https://www.unifr.ch/dcm/de/research/media-structures.html}.

6 Richard von Weizsäcker, Rede bei der Entgegennahme der Denkschrift »Kultur in Berlin« (11. September 1991), Auszug »Kultur sichert Überleben«, in: *Die Welt* (28. März 2000); online verfügbar unter: {https://www.welt.de/print-welt/article509229/Kultur-sichert-Ueberleben.html}.

7 Bundesverfassungsgericht, Postzeitungsdienst, Beschluss vom 6. Juni 1989 – 1 BVR 727/84; online verfügbar unter: {https://openjur.de/u/176039.html}.

8 Jürgen Habermas, *Ein neuer Strukturwandel der Öffentlichkeit und die deliberative Politik*, Berlin: Suhrkamp 2022, S. 67.

9 Urs Saxer, *Von den Medien zu den Plattformen. Die Regulierung öffentlicher Kommunikation im Zeichen der digitalen Revolution* (Schriften zum Medienrecht und Kommunikationsrecht), Tübingen: Mohr Siebeck 2023, S. 157; online verfügbar unter: {https://mohrsiebeck.com/buch/von-den-medien-zu-den-plattformen-9783161622410?no_cache=1}.

10 Penelope Muse Abernathy, Sarah Stonbely, »The State of local News. The 2023 Report« (16. November 2023), Medill School of Journalism, Media, Integrated Marketing Communications, Northwestern University; online verfügbar unter: {https://localnewsinitiative.northwestern.edu/projects/state-of-local-news/2023/report/}.

11 Larissa Scheidt, Interview mit Penelope Abernathy, »›Das Zeitungssterben geht unvermindert weiter‹«, in: *Message, Internationale Zeitschrift für Journalismus* (16. August 2023); online verfügbar unter: {https://www.message-online.com/das-zeitungssterben-geht-unvermindert-weiter/#more-6376}.

12 Siehe auch Shawn Musgrave, Matthew Nussbaum, »Trump thrives in areas that lack traditional news outlets«, in: *Politico* (4. August 2018); online verfügbar unter: {https://www.politico.com/story/2018/04/08/news-subscriptions-decline-donald-trump-voters-505605}.

13 Holger Wormer et al., »Medienzukunft: Antworten auf die Medienkrise gesucht« (2020); online verfügbar unter: {https://www.journalistik-dortmund.de/institut/veranstaltungen/initiative-medienzukunft/}.

14 Schickler Unternehmensberatung Hamburg (heute Highberg), Per

Sievers et al., »Standortanalyse der Zustellung für Tageszeitungen in Deutschland« (Mai 2020); online verfügbar unter: {https://www.schickler.de/2020/06/standortanalyse-der-zustellungen-fuer-tageszeitungen-in-deutschland-von-schickler-fuer-den-bdzv/}.

15 Oliver Quiring et al., »Mainzer Langzeitstudie Medienvertrauen 2023. Zurück zum Niveau vor der Pandemie – Konsolidierung von Vertrauen und Misstrauen«, in: *Media Perspektiven* (17. April 2024), S. 5; online verfügbar unter: {https://medien.epd.de/article/1115?pk_campaign=bas_medien_newsletter_20240417&pk_source=newsletter&pk_kwd=20240417}.

16 Christian Meier, »In diesen Regionen wird die Zeitung einfach nicht mehr zugestellt«, in: *Die Welt* (15. Juni 2023); online verfügbar unter: {https://www.welt.de/kultur/medien/article245314406/Aus-fuer-Zustellung-Der-Zeitungsjunge-kommt-hier-nicht-mehr.html}.

17 Forschungszentrum Öffentlichkeit und Gesellschaft (FÖG), Universität Zürich, *Jahrbuch Qualität der Medien 2022*, Basel: Schwabe 2022, S. 12; online verfügbar unter: {https://www.foeg.uzh.ch/de/jahrbuch-qdm/gesamtausgabe.html}.

18 Saxer, *Von den Medien zu den Plattformen*, S. 157.

19 Interview mit der dpa, »Valdo Lehari kritisiert unterlassene Hilfeleistung der Politik« (7. Juni 2024); online verfügbar unter: {https://vszv.de/2024/06/07/vszv-vorsitzender-das-ist-fuer-mich-unterlassene-hilfeleistung/}.

20 SPD, Bündnis 90/Die Grünen, FDP (Hg.), »Mehr Fortschritt wagen. Bündnis für Freiheit, Gerechtigkeit und Nachhaltigkeit. Koalitionsvertrag 2021-2025« (7. Dezember 2021), S. 6, S. 14, S. 75, S. 97ff., S. 116; online verfügbar unter: {https://www.spd.de/koalitionsvertrag2021/}.

7
Journalismuspolitik: Vier Stoßrichtungen

1 Rüdiger Soldt, »Nach ›Correctiv‹-Recherchen. Weidel spricht von ›schmieriger Lügenschleim-Spur‹«, in: *Frankfurter Allgemeine Zeitung* (4. Februar 2024); online verfügbar unter: {https://www.faz.net/aktuell/politik/inland/weidel-wirft-journalisten-stasi-methoden-vor-19496026.html}.

2 Felix Huesmann, »Wie die AfD das Bundesverfassungsgericht angreift«, Redaktionsnetzwerk Deutschland (6. Februar 2024); online verfügbar unter: {https://www.rnd.de/politik/wie-die-afd-das-bundesverfassungsgericht-angreift-6L6O4XP22VDXTMBLDI5NCL3GAU.html}. Das Zitat ist vom 9. Juni 2020 auf Facebook.

3 Arne Semsrott, »Transparenzranking 2021 von Mehr Demokratie e.V. und der Open Knowledge Foundation Deutschland e.V.« (2021), S. 7; online verfügbar unter: {https://transparenzranking.de/}.

4 Gesetz für einen besseren Schutz hinweisgebender Personen (Hinweisgeberschutzgesetz), Artikel 5: Vorrang von Sicherheitsinteressen sowie Verschwiegenheits- und Geheimhaltungspflichten; online verfügbar unter: {https://www.gesetze-im-internet.de/hinschg/BJNR08C0B0023.html}.

5 Alisha Mendgen, Interview mit Horst Pöttker, »Glanz im Gespräch mit Horst Pöttker«, in: *Glanz. Das Magazin zum 70. Bundespresseball* (Berlin 2023), S. 7; online verfügbar unter: {https://www.hausderpressefreiheit.de/Home/Diskurs/Professor-Horst-P%C3%B6ttker-zur-Pressefreiheit.html}.

6 Horst Pöttker, »Informationsvorsorge. Überlegungen zu einer überfälligen Reform des öffentlich-rechtlichen Rundfunks in Deutschland«, in: *Journalistik. Zeitschrift für Journalismusforschung* 3-4 (2023); online verfügbar unter: {https://journalistik.online/ausgabe-3-4-2023/informationsvorsorge/}.

7 Katholische Nachrichten-Agentur KNA, »Papst erinnert öffentlich-rechtliche Medien an ihren Auftrag. Die Wahrheit sei ›symphonisch‹«, (23. März 2024); online verfügbar unter: {https://www.domradio.de/artikel/papst-erinnert-oeffentlich-rechtliche-medien-ihren-auftrag}.

8 Publicom, »Die glaubwürdigsten Medien 2019« (9. Oktober 2019); online verfügbar unter: {https://www.publicom.ch/2019/10/09/die-glaubwuerdigsten-medien-2019-la-1re-und-le-temps/}.

9 Manuel Puppis, Etienne Bürdel, »Ländervergleich Onlinemedienförderung. Bericht zuhanden des Bundesamts für Kommunikation« (2019); online verfügbar unter: {https://www.unifr.ch/dcm/de/research/media-structures.html}. Manuel Puppis, Stefano Pedrazzi, »Ländervergleich Onlinemedienförderung: Ergänzungsbericht« (2020); online verfügbar unter: {https://www.bakom.admin.ch/dam/bakom/de/dokumente/bakom/elektronische_medien/Zahlen%20und%20Fakten/Studien/ergaenzungsbericht-laendervergleich-

onlinemedienfoerderung.pdf}. Siehe auch Matthias Cornills et al., »Möglichkeiten öffentlicher Förderung von Lokal- und Regionaljournalismus bei Wahrung der Staatsferne« (Januar 2021, Mainz); online verfügbar unter: {www.gruene-bundestag.de%2Ffileadmin%2Fmedia%2Fgruenebundestag_de%2Fthemen_az%2Fmedien%2Fpdf%2F210512-gutachten-journalismusfoerderung.pdf}.

10 In Finnland nur für Minderheitensprachen.

11 Hannes Haas et al., »Evaluierung der Presseförderung in Österreich. Status, Bewertung, internationaler Vergleich und Innovationspotenziale. Eine Studie im Auftrag des Bundeskanzleramtes Österreich« (30. November 2012, Wien), S. 184f., S. 194; online verfügbar unter: {https://www.businessart.at/download/?id=haas-studie-endbericht-evaluierung-pressefoerderung-uniwien-2012.pdf}.

12 Cornills et al., »Möglichkeiten öffentlicher Förderung von Lokal- und Regionaljournalismus bei Wahrung der Staatsferne« (Januar 2021), S. 5; online verfügbar unter: {https://www.mainzer-medieninstitut.de/moeglichkeiten-oeffentlicher-foerderung-von-lokal-und-regionaljournalismus-gutachten-veroeffentlicht/}.

13 Forschungszentrum (damals Forschungsinstitut) Öffentlichkeit und Gesellschaft (FÖG), »Jahrbuch 2016, Qualität der Medien, Hauptbefunde« (Oktober 2016), S. 1; online verfügbar unter: {https://www.foeg.uzh.ch/de/jahrbuch-qdm/hauptbefunde.html}.

14 Deutscher Presserat, »Übersicht der Rügen. Rügen des Presserats seit 1986«; online verfügbar unter: {https://www.presserat.de/ruegen-presse-uebersicht.html}.

15 Ähnlich pflegten einst einige 68er-Redaktionen nach dem Vorbild von Truman Capote und Norman Mailer den anwaltschaftlichen *new journalism*, der allerdings gänzlich unkorrekt und deshalb weniger pädagogisch auftrat.

16 59 Prozent der Deutschen vertrauen den Lokal- und Regionalzeitungen, 52 Prozent den überregionalen Blättern, 22 Prozent dem kommerziellen Fernsehen, 3 Prozent dem Boulevard: Oliver Quiring et al., »Mainzer Langzeitstudie Medienvertrauen 2023. Zurück zum Niveau vor der Pandemie – Konsolidierung von Vertrauen und Misstrauen«, S. 5. Diese Studie fragt das Radio nicht ab. In anderen Untersuchungen liegt es noch höher als das Fernsehen. Siehe auch infratest dimap, »Glaubwürdigkeit der Medien 2023. Eine repräsentative Umfrage im Auftrag des Westdeutschen Rundfunks« (November 2023), S. 6; online verfügbar unter: {https://presse.wdr.de/plounge/

wdr/programm/2023/12/_pdf/Glaubwuerdigkeit_der_Medien_2023.pdf}.

17 Sabine Feierabend et al., »JIM-Studie 2022. Jugend. Information. Medien. Basisuntersuchung zum Medienumgang 12- bis 19-Jähriger« (November 2022), S. 46, S. 60; online verfügbar unter: {https://www.mpfs.de/studien/jim-studie/2022/}.

18 Anke Tresch et al., »VOTO-Studie zur eidgenössischen Volksabstimmung vom 4. März 2018« (April 2018, Lausanne, Aarau, Luzern); online verfügbar unter: {https://www.voto.swiss/etudes-et-donnees/}.

19 Tanjev Schultz et al., »Mainzer Langzeitstudie Medienvertrauen 2022, Medienvertrauen nach Pandemie und ›Zeitenwende‹« (11. Juli 2023), S. 5 ff.; online verfügbar unter: {https://medienvertrauen.uni-mainz.de/files/2023/04/MP_8_2023_Mainzer-Langzeitstudie-Medienvertrauen.pdf}. Und: Ipsos European Public Affairs, Flash Eurobarometer, »Media and News Survey 2023« (November 2023), S. 45; online verfügbar unter: {https://europa.eu/eurobarometer/surveys/detail/3153}.

20 Infratest dimap, »Glaubwürdigkeit der Medien 2023. Eine repräsentative Umfrage im Auftrag des Westdeutschen Rundfunks«, S. 6f., S. 10.

21 Volker Best et al., »Demokratievertrauen in Krisenzeiten. Wie blicken die Menschen in Deutschland auf Politik, Institutionen und Gesellschaft?«, im Auftrag der Friedrich-Ebert-Stiftung (April 2023, Berlin), S. 45 f.; online verfügbar unter: {https://www.fes.de/studie-vertrauen-in-demokratie}.

22 AfD, »Programm für Deutschland. Das Grundsatzprogramm der Alternative für Deutschland« (1. Mai 2016, Stuttgart), S. 48; online verfügbar unter: {https://www.afd.de/grundsatzprogramm/}.

23 »Bericht des Rats für die zukünftige Entwicklung des öffentlich-rechtlichen Rundfunks« (Januar 2024), namentlich S. 5 f., S. 11 ff.; online verfügbar unter: {https://rundfunkkommission.rlp.de/rundfunkkommission-der-laender/zukunftsrat}.

24 Karola Wille, Rede 30 Jahre MDR (29. Juni 2022), »Wandel ist immer anstrengend. Gemeinwohlorientiertes Kommunikationsnetzwerk soll zur Medienadresse Nr. 1 in Deutschland werden« (4. Juli 2022); online verfügbar unter: {https://www.medienpolitik.net/news-archiv/wandel-ist-immer-anstrengend-287}.

25 ZDF-Kommunikation, »ZDF und internationale Partner starten For-

schungsprojekt für offenen Dialog im Netz« (8. Februar 2023); online verfügbar unter: {https://presseportal.zdf.de/pressemitteilung/zdf-und-internationale-partner-starten-forschungsprojekt-fuer-offenen-dialog-im-netz}. Siehe auch die Webseite zum Public Spaces Incubator: {https://newpublic.org/psi}.

26 Radio France, »Radio France lance son algorithme de service public« (23. November 2022); online verfügbar unter: {https://www.radiofrance.com/presse/radio-france-lance-son-algorithme-de-service-public}.

27 Carsten Brosda, »Reform des öffentlich-rechtlichen Rundfunks. Inhalte statt runde Tische«, in: *Süddeutsche Zeitung* (9. November 2022); online verfügbar unter: {https://www.sueddeutsche.de/medien/oeffentlich-rechtlicher-rundfunk-carsten-brosda-1.5688506}.

28 Verordnung (EU) 2022/2065 des Europäischen Parlaments und des Rates vom 19. Oktober 2022 über einen Binnenmarkt für digitale Dienste und zur Änderung der Richtlinie 2000/31/EG (Gesetz über digitale Dienste), S. L 277/12 Ziffer 47, S. L 277/19 Ziffer 69, S. L 277/23 Ziffer 82, S. L 277/27 Ziffer 99, S. L 277/49 Artikel 14, Ziffer 4, in: *Amtsblatt der Europäischen Union* (27. Oktober 2022); online verfügbar unter: {https://eur-lex.europa.eu/legal-content/DE/TXT/HTML/?uri=CELEX:32022R2065}.

29 Jörg Paul Müller, *Dialog als Lebensnerv der Demokratie. Vom Athen des Sokrates zur Politik der Gegenwart*, Basel: Schwabe 2011.

30 Georg Kohler, »Öffentlichkeit«, in: Petra Kolmer, Armin G. Wildfeuer (Hg.), *Neues Handbuch philosophischer Grundbegriffe*, Bd. 2, Freiburg i. Br.: Karl Alber 2011, S. 1671.

31 Hendrik Theine et al., »Wer beherrscht die Medien? Zur Einfassung des Journalismus durch Technologiekonzerne«, in: Otto Brenner Stiftung (Hg.), *Welche Öffentlichkeit brauchen wir? Zur Zukunft des Journalismus und demokratischer Medien*, Frankfurt am Main: Otto Brenner Stiftung 2022, S. 57; online verfügbar unter: {https://www.otto-brenner-stiftung.de/wissenschaftsportal/publikationen/titel/welche-oeffentlichkeit-brauchen-wir/aktion/show/}.

32 Sandra Hermes, »Immer mehr Länder verbannen Handys aus dem Schulalltag« (22. Februar 2024, aktualisiert am 23. Februar 2024); online verfügbar unter: {https://deutsches-schulportal.de/schulkultur/immer-mehr-laender-verbannen-das-handy-aus-dem-unterricht/}.

1 Bundesverband Digitalpublisher und Zeitungsverleger BDZV/Highberg (früher Schickler Unternehmensberatung), »Trends der Zeitungsbranche 2024« (Berlin, 13. Februar 2024), S. 17, bdzv.de; online verfügbar unter: {https://www.bdzv.de/service/presse/pressemitteilungen/2024/trend-der-zeitungsbranche-2024?ADMCMD_simTime=1707821700}.

2 Brand Science Institute (BSI), »Künstliche Intelligenz & Zahlungsbereitschaften« (Hamburg, 9. Januar 2024); online verfügbar unter: {https://www.bsi.ag/ai/studien/kunstliche-intelligenz-zahlungsbereitschaften.html}.

3 Siehe Otfried Jarren, »Naiver Empirismus. Künstliche Intelligenz als Herausforderung für Journalismus und Medien«, in: *epd Medien* (9. Februar 2024, online 12. Februar 2024), S. 3; online verfügbar unter: {https://medien.epd.de/article/742}.

4 Siehe AI Tools Directory, Human Centered Ubiquitous Media, Institut für Informatik, Ludwig-Maximilians-Universität München; online verfügbar unter: {https://www.um.informatik.uni-muenchen.de/personen/index.html}.

5 Ulrich Walter, Vortrag beim Schweizerischen Institut für Auslandforschung (SIAF), »Künstliche Intelligenz und New Space ›für Dummies‹« (21. März 2024); Video online verfügbar unter: {https://siaf.ch/events/kuenstliche-intelligenz-und-newspace-fuer-dummies}, ab Minute 10.

6 Ebd., ab Minute 35.

7 »Paris Charta zu KI und Journalismus«, die deutsche Übersetzung ist online verfügbar auf der Webseite des Deutschen Journalistenverbands: {https://www.djv.de/startseite/info/themen-wissen/medienpolitik/kuenstliche-intelligenz}; das englische Original findet sich auf der Webseite von Reporter ohne Grenzen: {https://www.reporter-ohne-grenzen.de/pressemitteilungen/meldung/rsf-stellt-charta-zu-ki-und-journalismus-vor}.